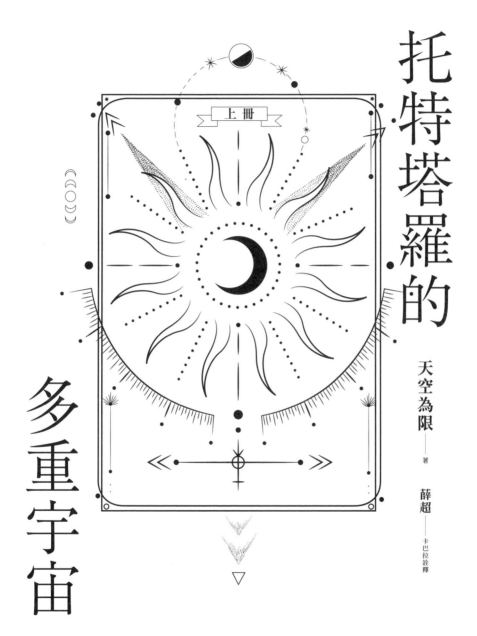

托特塔羅的

多重宇宙

上冊

天空為限——著

薛超——卡巴拉詮釋

無憂閣主 Sada

　　很多年前的某一天，天空為限老師在網路上語出驚人地說：「托特牌是變態才會設計出來的！」那個時候的我會使用的是偉特系統的塔羅牌，所以很想知道，所謂的「變態」是怎樣的變態呢？隨即得知她在開托特牌的色彩解析課程，我也就毫不猶豫報名了。（天空為限按：太厲害到我覺得是變態=.=+）

　　我其實不覺得托特牌是有什麼變態的牌義問題，反而覺得這滿像是藝術家與亞斯伯格症般講究秩序、邏輯的設計，非常完美，但我可不覺得我是個變態就是了（笑）。

　　多年後，我已經不再靠塔羅牌維生，但當時她的托特牌課

程讓我有一種：「我這輩子應該不會遇到更厲害的占卜師來分析塔羅牌」的失落感，或許你們會覺得這是一種過譽，而我是真切地想著：「萬一天空為限出了托特牌的書，我應該也沒有辦法寫得比她更好了。」故而感到自己就是個平庸到極點的人。

只是在十多年後，有一天她苦惱地問我：「我的托特牌書稿不像國外英文書的作者常用的排序，有些人覺得不正統，真的嗎？」於是她就把草稿寄給我，想聽聽我的意見。坦白說，我覺得我可以不用讀了，畢竟在寫書上，她真的是一個才華洋溢的人，一定是非常具備頂尖水準的書，無論怎麼說，她都可以非常合乎邏輯的。

諸位讀者可能會以為我是出於鐵粉般的盲目樂觀，但我僅僅上過那一堂托特牌課程，之後就忙到昏天暗地，我只是對於她寫書的質量非常有信心罷了，畢竟我也是一個很喜歡在網路上發表文章的作者，以前也當過幾年的網站編輯，之於能否找到一個觸動人心的作品，好歹也有些基本的判斷力。

在我心裡，所謂的經典之作並不是高談闊論難以吸收的哲理，早期的塔羅書籍就常常有這個毛病，比如，我曾經買了某一本翻譯書，買了三次，因為每一次都打翻飲料把書弄濕，最後只好買本新的來讀，但即使我讀了同一本書幾十遍（這本書

在我手上大概也放了七八年，讀了至少有幾十遍），我還是沒法記住書裡說的塔羅解析，以致於早年的占卜過程中，我還得徵求朋友的同意，當場翻書來查閱，幸好他們都不介意。

但是在讀過天空為限老師的作品之後，解牌就變得非常得心應手，而且藉由書中範例來記住訣竅也輕而易舉，這一點就是她所有作品的最大優點，當然，身為塔羅牌愛好者，我一定買過、蒐集過、甚至翻譯過塔羅書，外國作家對於托特牌的詮釋真的適合所有人嗎？如果一開始只是討論高深的神祕學，會令新手小白裹足不前——我們是在討論一個玄妙、無法邏輯化的學問，還是想要用來幫助自己跟別人呢？這就是諸多神祕學家常犯的毛病。

我認為，高深跟實用是神祕學的一體兩面，如果不能用簡單好懂的話來描述一件你深究的學問，那也不算是真正懂這門藝術了。唐朝詩人白居易兩歲就能識字，但他還是堅持要把自己的作品改成聽過的人都可以瞬間理解，通俗易懂的作品一樣可以是藝術巔峰的傑作，所以能夠立刻實用又好用的塔羅書，絕對是經典。

當天空為限老師來問我意見的時候，我雖然還沒讀草稿，我回答她：「我覺得你的書沒有問題！一定是很好的書，跟外國書不一樣也沒關係，準就好了。學塔羅占卜不就是要準嗎？

準確度就是你跟塔羅牌的默契，這樣就夠了。」

當時她把書送到好幾個出版社，並沒有得到正向回應，我就建議她用風精靈，因為那是我自己在賣的能量商品，它的專長就是在競爭性比較大的領域讓主人被看見，我覺得她的能力跟品質要找到一個比較有影響力的出版社應該可以成功，果不其然，她很快地就來告訴我這個出版的好消息了。

在拜讀完這本書之後，我覺得她一貫的實用風格是這本書最大的賣點，儘管她還是非常直白又令人冷汗直流地說：「創造這套牌的人是個變態。」我覺得也沒有什麼不可以的，如果你是想要很快地了解托特塔羅牌的邏輯跟記住使用方式，這本書絕對是最適合新手小白的作品，而如果你鑽研過托特系統的塔羅牌，研究過星座與行星對應，我覺得這個部分可以先放下，建議讀者直接全心沉浸在天空為限的文字裡，這本書能讓你在解牌的表現上更上一層樓，畢竟它就是一本適合在實戰上，即學即用的好書啊！

塔羅教父 丹尼爾

　　相較於其他許多占卜方法，塔羅占卜算是有傳統又不太古老的方式，在這樣的發展階段，很容易有各式各樣不同的創新理論出現，對於某些追求「唯一標準答案」的人來說，各種不同的說法都是「離經叛道」，唯有單一的經典才是可靠的依歸；反過來看，有大量不同的說法正好說明了塔羅占卜正在蓬勃發展的開創期，各種創新的理論都為塔羅占卜注入某種生命的活力。

　　有些人會提出疑問：那麼多種不同的說法我要相信哪一個？其實並不存在相信哪個說法的問題，而是知道有這些不同的說法之後，要如何從自己的經驗去驗證才是重點。以丹尼爾

個人的經驗而言，盡信書不如無書，書本中的說法可以刺激我們的思考，幫助我們拓展視野，發現個人的盲點與誤區，最後每個人都會發展出自己獨特的觀點。

　　天空為限是一位充滿創造力的老師，對於塔羅牌的看法並不同於一般所謂「主流」的理論，但是又都能融通連貫、自成一格，這些看法並不是出於抽象的邏輯，而是由天空老師親身的經驗來印證，因此讀書的過程不只是有上課身歷其境的感覺，還帶有天空老師特有的思考方式，值得大家來親自體會。

塔羅事典館主 孟小靖

如果塔羅牌能讓我們明瞭人性，那天空為限的文字就是可看穿這一切的秘徑！

認識天空為限多年，向來以自己獨特的眼光來解讀塔羅牌，本來就蘊藏許多人生點滴的塔羅牌，也充滿了人、事、物許多精彩的可能性。誰說塔羅占卜就只能有一種面向、一貫解法？在她的解說之下，總能有異於常人的看法，用風趣幽默又直觀的方式來進行說明，透過大膽的假設，經驗的累積求證，創造個人解牌的另類風格，其麻辣程度可說是刀刀見血，雖說是當頭棒喝，但又有如醍醐灌頂般令人恍然大悟。的確提供了每個在學習塔羅的占卜師們，一個相互討論的刺激發想，反倒

讓所有人有了個思緒邏輯撞擊解構的機緣，領悟塔羅牌想告訴我們的哲學道理。

許多人常問收藏上千副塔羅牌的我，為什麼要買這麼多牌？其道理是因為在不同人的心裡，一件事可能有著不同的感觸，形容出來的顯象也大不相同。例如面臨悲痛的心情一定要靠著眼淚來抒發嗎？還是有人是用無語來度過這段時光！這些細微之處，都能在不同藝術家繪製的各式塔羅牌中看出端倪，懂得欣賞這些差異，也能將自己的眼界打開，讓占卜解讀的組織更有層次與貼近人心，這也就是為什麼我們要學習理解在每種塔羅系統之中的構成一樣，無論是能體現當代歷史的馬賽塔羅牌，還是簡單易上手的偉特塔羅牌，亦或是融合多元的托特塔羅牌，若是能都能窺知一二，想必能同理我們在生活之中所發生的大小事，也能更有辦法找出解決之道。

有著豐富塔羅牌教學經驗的她，在西洋神祕學領域中的占星、靈擺等都有涉獵，也在當中研究出十分實用的日常操作。越能用輕鬆上手的方式來入門，就能對這門學問產生興趣，也能延伸熱情持續下去！這次總算看到天空為限，將她長年開課所彙整的托特塔羅牌相關知識，編製成書。相較起大家熟悉的偉特塔羅牌以數字、圖像及元素等架構的組成意象，托特塔羅中更結合了各國文化的神話奧義、東方玄學、脈輪應用、生命

之樹卡巴拉思想、色彩能量，還有魔法儀式等。但反倒一張牌卡裡揭示了太多資訊，許多人無法在第一時間理解牌卡中的訊息，導致擔憂無法說明完整而不去使用。這次《托特塔羅的多重宇宙》的誕生，就是來解決大家在這樣困頓下的卻步，自我們生活中能頻繁接觸到的色彩開始，拓展到四元素（火、風、土、水）的關聯，接著連結到占星學中的星座四象三態分類，再往下清楚的敍述每張牌卡的畫面與道理，明確的點出在愛情、事業與財運的狀況分析。就如同我們正踏上一層又一層的階梯般，在獲取這些知識的同時，也堆疊了更扎實的基石。

當你翻完《托特塔羅的多重宇宙》這本書後，相信你對應起手中的托特塔羅牌時，你將會發現自己沒留意的觀點差異與全新視角。透過這樣的體會，你我可以在這個共學塔羅的路上，從塔羅牌中看透人生，最終又找回自己。

作者序

天空為限

我的第一副牌就是托特牌。

2004 年剛接觸塔羅牌，大家都建議我從偉特牌開始研究，但我那時在迷奧修，就買了奧修出版社的《直覺式塔羅牌》，書內附的牌就是托特牌。

那時候我是塔羅小白，國內又沒有其它托特牌書，《直覺式塔羅牌》雖然給了我基本概念，但它是重視如何啟發直覺，反而塔羅牌學問不是這本書的重點。

有一天晚上，我把所有的牌攤在床上，發現相同元素的牌，顏色都有相似之處，所以我就從元素、顏色推理到數字，之後發現元素、數字是所有塔羅牌的基本要素，此後抓住這個

方向開始練習，才越來越得心應手，我的《藏在塔羅裡的占卜符碼》就是講述這些邏輯，但用了最通用的偉特牌作為基礎。

現在的托特牌研究者很幸運，有台灣本土寫的托特書，還有國外引進的翻譯書，對照之下，我的推論居然都是正確的，就更有信心了。因為牌義不出數字跟四元素，就算再怎麼博大精深，都在這個範圍之內，所以所有的塔羅牌，萬變不離其宗，因此我知道我領悟出來的東西，可以分享給大家試試看順不順手，當然如果可以整合成自己專屬的塔羅理論，我也會很高興。

關於宮廷牌「皇后」，我一開始也歸類為水元素，但之後不管怎麼研究，都覺得皇后牌跟土元素比較相近，而水元素跟公主牌比較能夠契合，所以我就轉換了教學內容。我有問過丹尼爾老師，告訴他我覺得元素這樣應用起來比較順手，他說那時年代很早，四大元素的定義也會隨著時間變動，所以我的用法也不是不行。

我也覺得如果水元素代表皇后，土元素代表公主，我就必須套用以前的邏輯，雖然也沒有不對，但我還是希望分享自己真正的心得。所以在本書，宮廷牌的皇后牌跟公主牌，我就把兩個元素的使用歸類邏輯都寫上，大家可以看看自己順手哪個邏輯。

　　塔羅牌是很個人化的東西，學術跟教學都只是給你資料，啟發你的思考，希望大家學塔羅牌時不要拘泥某些關鍵字，而是讓關鍵字啟發你的深入思考，才能得到屬於你自己的塔羅精髓。

　　ps. 早期托特牌有些牌有三張牌圖，本來克勞利畫了三張賢者，大家的說法是擇一使用，可是我覺得這樣會讓牌有新舊之分，所以還是決定三張都用上，我在書內也寫了我對三張賢者細部解釋的不同。

　　因為版權難拿，所以我的托特書不附牌圖，但為了讓大家認識三位賢者，因此放了三張賢者牌，應該沒有著作權的問題。

　　三張賢者的牌好像會失傳，我的書要留下它們的蹤跡。

薛超

　　亞歷斯特·克勞利於 1938 年起創作托特塔羅，他基於金色黎明會內部塔羅資料，結合自己創造的「泰勒瑪」哲學體系，並邀請芙瑞妲·哈利斯為其繪製彩色牌圖，歷經 5 年時間完成。這幅套牌最大的特點便是揭示了金色黎明教會內部秘而不宣的、被猶太教尊為密契修煉法則的神聖卡巴拉——生命之樹系統。

　　在每副牌中都包含一張廣告卡，其中便引用了克勞利對於此系統的簡要說明：「塔羅牌是古人依據傳統象徵符號，構想出來的自然力的圖形表現。乍看之下，人們會認為這種安排是任意的，但事實並非如此。它是宇宙結構的必然結果，特別是

太陽系的必然結果，以神聖的卡巴拉作為象徵。」

　　2019 年 7 月本人在初學塔羅時便了解到關於卡巴拉的資訊，但因為中文資料的匱乏，僅有一本蕭漢婷女士翻譯的《生命之樹卡巴拉》作為自學教材。也是在此時有幸透過《藏在塔羅中的占卜符碼》一書，結識了台灣著名占星、塔羅大家：天空為限老師，並建立聯繫。期間在與老師的交流中，也將自學卡巴拉的體會與老師進行溝通研究。9 月起開始跟隨老師學習托特塔羅初階課程，隨著不斷深入的研究，發現托特牌沒有一處不蘊含卡巴拉的理論結構，卡牌完美地展現了它們之間密不可分的關係。正如《托特之書》稱：「生命之樹──這個圖形，我們必須非常仔細地研究，因為它是塔羅賴以奠基的整個體系之基礎。」

　　於此同時，在和老師的日常溝通中，獲知她早已完成了《托特塔羅的多重宇宙》一書的定稿，鑒於本人平時對於卡巴拉的熱衷和學習，老師建議可在這本書中完成有關此部分的註解。直到 2020 年 3 月註解部分初稿完成，因於本人能力有限，對於知識的掌握尚屬淺薄，但希望透過自己的努力能夠將卡巴拉的註解做到客觀和完備。

　　本書關於卡巴拉系統的註解主要集中在圓質及路徑部分（不包含路徑文本、魔法形象、神及天使等名義部分）。其中

圓質對應小牌在每一個數字牌之前，對於圓質的特點做了簡要的說明，各小牌下分列註解。在大牌的相關註解內容中，包含「路徑、希伯來字母、占星」三部分。宮廷人物牌部分，對應卡巴拉系統涉及四個圓質和法則、易經，故只做淺述並配屬表格，以茲對照。

本人學識尚淺，對於托特塔羅及與卡巴拉系統的對應關係解讀僅能做到框架性的梳理，在此次註解中，主要以克勞利的著作作為參考依據，以《托特之書》作為主要參考資料，其中大多數牌中對於原文的部分均是直譯徵引，部分牌則結合其它相關著作進行綜合論述。如果您對生命之樹了解尚淺或為深入研究，建議先從小牌部分進行閱讀，接著再閱讀大牌的部分，會使您對生命之樹的整體結構有較為完備的框架理解。此次注釋工作承蒙天空為限老師對於後生莫大的信任及厚愛，能為此書奉上自己的微薄之力。同時也感激愛人黃怡佳女士助力完成了原文資料的蒐集、整理、翻譯及文字錄入工作。

因於資料和能力的限制，註解並不能盡善盡美，也僅僅是代表自己個人學習的心得和體會，希望讀者可以海涵，並予以指正。

2022 年 3 月定稿

特別感謝

　　這本書是由我授課當時的尼克班長整理成講義的（我課前沒有講義，都是上完課後，讓學生自己整理出來的），每一班的班長整理出來的筆記都不一樣，尼克班長是日獅子月處女，所以使命感很重，除了內容精要外，組織架構都是他整理出來的，我在講課的時候，還沒有區分得這麼細，是他事後把上課內容分門別類，整理出一套詳細的邏輯，組織能力真是太強大了。尼克班長在的那幾班，他幾乎是我的課程策劃師。本來全部都是我講課，由尼克和 YYL 撰文，YYL 的細心把書稿的完整度做一個很好的潤飾。但是有關牌義方面，我覺得還是用我的口吻，讀者比較熟悉，真的有很多讀者朋友可以明顯看出代撰跟我親自寫的不同，我只好把牌義重新寫過，但前面色彩、脈輪、占星方面，都是尼克抄錄我講課，所以口語感比較重。

林芷毓是我的姐妹淘，也是我的學生，因為非常熟悉我的表達方式，我就請他幫忙補充我的大牌，並同時擔任代表我的校對。（就是出版社的校對校完了，再發二校三校給我，這部份就請小毓幫我校了。）

　　薛超是我中國的學生，雖然是遠距上課，但是第一堂跟最後一堂，他還是排解千辛萬難來到台灣上課，並到新加坡工作，希望有機會移民到台灣。

　　還有我的學生葉子毓，他是我前幾班的學生，我們可以說是一起研究托特牌，當初數字牌的占星對比，星座邏輯很容易懂，但行星我們就搞不懂為什麼會這樣分配，因為行星尊貴法則我本來有懷疑，結果試了一下，發現第四張就對不上，是子毓想到行星要照星座順序排上去，而不是照塔羅牌的順序，才幫我解開一個大謎，從此運用非常順暢，雖然都是我的學生，也同時是我的老師，真是謝謝他們。

　　感謝大家的愛戴跟支持，這本書才得以跟大家見面。

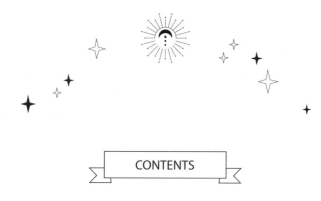

CONTENTS

Chapter 1　七脈輪與色彩學

Chapter 2　四大元素與色彩對應

Chapter 3　十二星座：火→土→風→水

Chapter 4　大祕儀

　　托特塔羅牌的內涵非常豐富，包含了色彩學、占星符號、數字學、元素學、卡巴拉符號、太極符號等意涵。鑒於市面上大家都認為托特塔羅牌只能用來觀想靈修，無法實用於占卜，這主要是因為中文托特書籍就只有一本《直覺式塔羅牌》，英文的托特之書卻又晦澀難明。因此，本書將以「色彩學」和「占星符號」為骨架，去串起托特塔羅牌的牌義，讓大家理解托特塔羅牌背後的嚴謹邏輯，以及實際上占卜的運用與詮釋。

　　托特塔羅牌是亞歷斯特・克勞利（Aleister Crowley）所設計，再由芙瑞姐・哈利斯（Frieda Harris）所繪製。克勞利在1920 年代曾被譽為「心靈宗教大師」與「世上最邪惡男人」，毀譽參半。克勞利活躍期間，吸大麻、辦雜交派對、玩黑魔法通通都來，最後被關進精神病院。據說，托特塔羅牌還是克勞

利死後，債主去克勞利家裡搜出來的原稿，去印製換錢來還債的。按照我的理解，神秘學界的成員會追求「開悟」的境界，這有點類似中國古代方士們追求「得道」，開悟時會有法喜充滿的感覺，據說是要在生死之間求得。所以克勞利就以大麻或是性愛為手段，去追求欲仙欲死的時刻，來模擬開悟時候的法喜充滿。

　　但克勞利的邪惡生平（？），並不影響托特塔羅牌的使用。希望大家能透過閱讀本書，理解托特塔羅牌的邏輯之後，發揮出精確的解牌能力。

Chapter 1

七脈輪
與色彩學

托特牌的色彩學,與七脈輪息息相關。脈輪是「靈性出入口」。脈輪色彩分布與彩虹一樣,從海底輪開始,依序往上到頂輪,分別是紅橙黃綠藍靛紫,各個色彩都和脈輪的性質相對應。以下將會針對七脈輪與對應色彩做詳細介紹,這是學習托特牌的基礎,與解牌的邏輯變化更是關係密切。

紫色:波長最短,頻率最高

紅色:波長最長,頻率最低

第一個脈輪：
海底輪（生殖輪）

顏色：紅、黑、粉紅

　　海底輪就類似李安電影《少年 Pi 的奇幻漂流》的 Richard Parker，代表在世界上的生存本能，可以幫助我們生存下去。是人類欲望的來源，來自物質身體，是靈性最低的脈輪。紅色是能量非常巨大的顏色，商業上代表熱情、衝動；暴力、血液（生命泉源），類似青春期躁動的能量。紅色也是很多成功者的顏色行動力超強，執行力強，即使過程未必完美。也很有魄力，能壓制他人的氣勢，且感染力強。

　　保險業或是業務單位的主管，紅色特質通常很強，企圖心

強盛，做大事不拘小節。坦白說，這些主管的強項並不是在腦袋，而是「沒架子」、「很有活力」，喜歡一些口號或目標，有可能聽不太懂細節與邏輯。他們都是走「殺出一條血路」的路線，並不是制訂方針與策略。類似我的母親，做生意的方法雖然未必高明（其實也不知道有其它方法），橫衝直撞，但是都能成功，也不會知道自己有何缺點，所以會很樂觀（因為想不通，所以樂觀）。

紅色的目標性非常強，而缺點是衝動，不用大腦，是動物本能的反應。我們在生活周遭，常會見到只靠動物本能行事的人，當這種人位處高位，就會是有魄力的表現。放在社會底層的話，其實許多社會邊緣人也都是這種紅色的人，從來沒有好好想過自己的未來，什麼事情都以本能決定，發展到極致就是個粗人。當然也有社經地位高的粗人，優點就是不會去想多餘的事情，凡事只走直線，用最快的速度達到目的。

紅色的直覺很強，動物本能強的人，直覺才是最強，因為他們嗅得到危機在哪裡，也嗅得到錢在哪裡。至於靈性很高的那種直覺……，那是不是直覺，其實有待商榷。我認為那應該是第六感，第六感跟直覺是不一樣的，第六感虛無飄渺，直覺卻很確定。

有一些成功厲害的商業人士，其實不需要任何資料，就可

以判斷該做怎麼樣的決定，就知道接下來該怎麼做，這種就是類似動物本能。雖然沒有任何原因，但他們就是知道哪裡不對勁。紅色是直覺非常強烈的顏色，但這直覺通常是為了自己的利益或特定目的。

紅色也代表蠻力和恐懼。紅色代表恐懼的意思，並不是說紅色會害怕，而是紅色不太思考，所以一遇到威脅會馬上反擊，就是一個動物生存的本能：我一定要活下去，所有妨礙我活下去的東西都要除掉。所以會有一種恐懼的特質。

紅色還代表欲望、性欲、食欲、控制欲、佔有欲。這跟數字1、火元素都有關聯，且生命的能量、動力、想要的東西都來自火元素。紅色人擅於生存與競爭，想要活下去，想要錢。所以我認為，窮鄉僻壤最適合經營直銷事業。就是要這些人窮瘋了，才會不顧一切去做事情，戰鬥力和競爭力才會強。性欲是繁衍子孫的基礎，可能自己活不下去了，但後代要生養得夠多，才能佔有一席之地。控制欲和佔有欲，就是要把所有權力資源抓在手上，才能確保不受任何人的威脅。

紅色的壞處是自私自利，不顧他人，每天都覺得自己很匱乏，擁有再多都不夠。脈輪是一直在流動的，可以展現紅色的正面能量或負面能量。但有時候會紅色性質過重，導致脈輪卡住，也有可能紅色性質不夠，脈輪是消耗的。

★ 紅色脈輪過度 ★

過度暴力、衝動、誤判、高壓集權、獨裁者，對金錢需求很強烈。像殺人犯一樣，腦袋還沒動，手就先動了。常常害怕別人跟他競爭。會搶到很多資源，所以錢不匱乏，但內心覺得很匱乏。

★ 紅色脈輪匱乏 ★

沒有鬥志、缺乏生存欲望、競爭能力弱、生活失去目標。海底輪弱反映在現實生活狀態就是都賺不到錢、資源不足、性冷感、曾經有破產經驗或重要東西被奪取的經驗。

海底輪有障礙的潛在原因：從小在貧窮家庭長大，從來沒有富裕過；受過性侵害的人（沒有安全感），無法進入正常關係裡面；家庭不幸福，從小家破人亡，住在孤兒院，爸爸不理媽媽不愛，到處流落寄養親戚家，覺得沒有依靠，沒有安全感。

托特牌牌陣裡，若紅色出現大部分，必須搭配數字與牌義來看往哪方面發展。紅色跟火星、牡羊座很像，高興走哪條路就走哪條路，碰到山擋到我，就放把火把山燒了。紅色很有前進動力，突破本能。

　　黑色也是海底輪的顏色，是所有顏色的凝固色。咖啡色是紅色的凝固色，咖啡色再深一層就是黑色。所以黑色能量非常巨大，且尚未浮出檯面。黑色在托特牌中代表取之不盡的能量，或是還藏在檯面下沒被發現，下面遮蓋許多東西。

　　粉紅色＝紅色＋白色，故粉紅色比紅色溫和，且白色代表靈性的顏色。所以粉紅色帶有海底輪的特質，且比海底輪溫和。

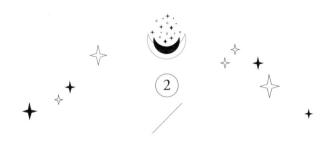

第二個脈輪：
臍輪

顏色：橘色、橙色

　　代表任何的感官享受。紅色跟橙色不一樣之處為：紅色沒有「享受」的本能，紅色只有「佔有」。以購物狂來比喻，紅色購物狂是要享受買下來的快感──「我有能力買下來」，或者這個店裡的東西「通通是我的」，別人都不可以把貨拿走！但是有可能買回來一年之後，連包裝都還沒有拆，只是要「佔有」、「得到」而已，是要彰顯自己的一個方式。相反地，橘色購物狂是可能一口氣買了十雙鞋子，然後今天晚上一整個不睡覺，不斷地拿十雙鞋子來搭配不同衣服看看效果，在鏡子前

面照了一整夜，非常享受十雙鞋子的美麗。

　　橘色會有那種「我享受在其中」的感覺。紅色是以自我為中心的，紅色的腦袋裡只有自己。但是橘色會開始跟外界產生連結，開始會去享受別的東西，享受所擁有的東西，變成並非所有東西都是他自己的一部分，而是會去加入外界。

　　如果是食物的話，紅色跟橘色都很愛吃，兩者的不同是：紅色在於吃粗飽、吃很多，不太管口味或精緻度。橘色就得要是美食，要再精緻化與社會化一點。所以橘色也代表「群體性」，要開始意識到別人的存在。橘色也是「建立關係」，所以性行為是海底輪掌管，但是談戀愛、當夫妻、家人朋友等關係就是臍輪所掌管的。而且臍輪建立的關係是非常信任的關係。

　　所以遭受過性侵害的人，海底輪會出問題，但是臍輪出問題的，可能是遭受重大失戀打擊，或被親近家人侵犯身體，遭受背叛，這些挫折會在臍輪留下一些印記或汙濁。因此臍輪雖然有開始社會化，但範圍並不開闊，就是在自己舒適圈裡面，享受自己所有認可的東西。

★ 橘色脈輪過度 ★

購物狂、膚淺、過度沉溺物欲、沉溺於感官享受，只注意

看到的現象,不去深究其本質。有可能以貌取人。跟紅色不同之處為紅色非常注重自己的生存,有點類似我們窮困的上一代,或是白手起家的長輩們,自己得想方設法生存下去。但橘色就很像富二代,東西都是爸媽給的,所以沒什麼鬥志,不知道怎麼去爭取,只知道要怎樣享受。所以橘色沉溺過度也會比較遊手好閒跟懶惰。例如買房子,紅色人覺得不用花那麼多錢在裝潢上面,橘色人就會覺得不裝潢的話,乾脆買鐵皮屋住算了。

橘色的優點是「鑑賞力」,「品味很好」,跟金牛座頗為接近。在色彩與星座對應上,橘色就是對應金牛跟雙子。橘色也頗合群,想要大家一起高興,有人陪他玩,黃色才是想要別人認同。橘色喜歡跟別人建立關係,且不是普遍的關係,橘色並不喜歡跟「很多人」做朋友,而是喜歡跟志同道合、願意一起玩的、一起享受的人做朋友。讀者必須記得橘色是一個舒適圈的感覺,所以若這個人給他有舒服的感覺,就會把這個人納入舒適圈的範圍裡面。但橘色並不喜歡認識一大堆有的沒的人,感覺會太雜亂。

還有,如果你是橘色人的戀人、親人、朋友,那可要恭喜你,橘色人的忠誠度也很高。橘色人不會去交一堆朋友,本身交朋友就蠻挑的。所以橘色人的膚淺是在學識方面,但在身體

的感受方面，反而會蠻細膩且深入。

★ 橘色脈輪匱乏 ★

臍輪有障礙的，例如曾經有餓過肚子，或是要跟人家建立親密關係卻受到拒絕，或親密關係被斬斷，例如你很愛你的父母，但他們太早過世之類的。也就是說你所擁有、所享受的東西突然被切斷，那這樣的人會有什麼特質與影響，詳述如下。

無法維持長久親密關係，無法建立一段長久的信任感，因為對舒適圈有障礙。無法心安理得地享受自己所擁有的東西，有點類似賣菜捐錢的陳樹菊那樣，她就是當初弟弟病死，覺得弟弟都沒有過好日子，所以就覺得自己也沒有資格過好日子，故生病也不去看病，不吃好東西，就只吃麵筋拌飯，吃個不要餓死就好。這個就很橘色匱乏的特質，所愛的人離開了，所以安全感跟建立在關係裡面的信任感被破壞了，就無法安下心來去享用身體上的感官享受。

我認識一位凱龍星在金牛座的朋友，凱龍星就是創傷，金牛座在此可以類比成橘色。所以該人真的很愛自虐，好幾年沒有蓋棉被，都只有蓋外套。生病不喜歡看醫生，會想看看自己身體能夠忍到什麼程度。吃東西也都亂吃，因為亂吃就是他的興趣。這看起來也是橘色有印記的人，且星盤上凱龍星在金牛

座，金牛就是物欲所在，故他對於享受物欲方面有所障礙。

　　也有可能，你送給他一件很好的衣服或是棉被，他卻會很怕弄髒就把它鎖起來，到死為止都沒有用過。或是覺得這麼漂亮捨不得穿，放進衣櫥裡收好，直到自己身材變形穿不下為止。這些都是橘色方面出問題。當然臍輪出問題大多還是展現在人際關係的信任感上面，故橘色方面有創傷的話，可能不再信任任何人，無法跟人建立起長久的關係，或者會結不了婚。

　　其實從七個顏色的心理學與搭配用法，就可以把托特牌解出很好的程度了。而托特牌跟占星符號的對應，也能夠比對出牌意的大部分細節，所以讀者不用擔心不懂易經或其它符號，其實色彩學跟占星符號，都是重複同樣的意思，殊途同歸。所有的元素都是指向同一個意思。

第三個脈輪：
胃輪、太陽神經叢輪

顏色：黃色

　　色彩學不只可以拿來解牌，有學靈氣的，也可以拿來冥想補充能量。我有一次跟死黨吃燒肉吃到飽，後來死黨吃得太飽快吐了，老師冥想黃色光用靈氣送進去他的胃，死黨後來就一直打嗝就好了，之後還可以再吃一碗豆花。所以，冥想那個顏色的光，進入對應的不舒服部位，就可以調整那部位的狀況。當然一開始沒什麼感應，但如果冥想久了，會漸漸感應到有起作用。冥想也是脈輪的使用方式。

　　黃色是很溫暖開心的顏色。其實黃色、橘色都有溫暖開心

的成分，但黃色還有創意、尊貴，是一個自信非常強的顏色，
具備領袖魅力。黃色的創意，在於黃色人智商都蠻高的，但這
種智商高是世俗的智慧，明亮度最高又顯眼，很吸引大家注
意，思考會比較正面積極。黃色的魄力跟紅色一樣強，差別在
於紅色是真正會去執行的，黃色則會「下一個很好的決定」，
然後叫別人去做。黃色非常有決斷力，非常善於思考，所以這
裡的世俗智慧是指黃色知道怎麼做生意、知道怎麼樣念書、知
道怎麼表現得很優秀，而不是那種靈性的智慧或哲學的智慧。
所以黃色適合當主管，知道要如何爭取別人的注意力，所以很
容易紅。黃色跟獅子座是對應的。

　　黃色跟橘色在人際上的差異是，橘色是想要跟別人建立關
係，黃色是想要得到別人的認同，而不是建立平等的關係。黃
色希望大家都承認他是最好的、最優秀的。黃色帶有一點社經
地位跟自我感覺良好的成分。

★ 黃色脈輪過度 ★

　　自大，且會自大得蠻好笑的，會被別人當成笑話看。紅色
若是自大的話，會蠻恐怖的，只認為自己是對的，而去做一些
傷害別人的事情。但黃色基本上不會去傷害別人，只是愛出風
頭而已。黃色過度擴張的話，會過度需要他人認同，若沒有獲

得認同，可能就會什麼事情都做不了，也會變得虛榮、浮誇、膚淺。黃色會「想要」投機取巧使小聰明，但不夠聰明做到那個程度，黃色比較是光明正大的那種聰明，投機取巧的話是喉輪比較會。黃色也愛當老大。

★ 黃色脈輪匱乏 ★

　　缺乏自信，會覺得自己講的話沒什麼人要聽，最後就什麼都不講。會容易對權威屈服，別人嚇一下，或是賣弄一下，就會很容易相信他，馬上被唬住。不知道什麼時候該做什麼事情，永遠猶豫不決，缺乏定見。黃色如果在正常的狀況流動，就會有強大的內在，就不會隨便懷疑自己，所以匱乏的話，就會容易屈服於別人。

　　托特的太陽牌，就是正面的黃色。在整副托特牌中，純黃色的牌不多，其實托特牌的調性有點陰暗，畢竟是由心理變態的克勞利設計出來的，所以正面黃色的牌並不太多。

4

第四個脈輪：
心輪

顏色：綠色

　　綠色不是冷色系也不是暖色系，剛剛好是中間色，所以是最平和的顏色。綠色代表繁茂的植物生命力，不偏不倚。紅色是動物的生命力。托特牌陣裡面會有許多顏色，一個顏色、一個顏色地解會太呆板，例如有些牌翻開來，會出現許多顏色，但全部都是下三輪的顏色，這樣從下三輪來解就好。有些牌則出現紅色跟綠色，乍看之下反差很大，但其實兩者都是生命力的象徵。紅色的動物生命力是短跑型的，綠色的植物生命力是長跑型的，植物活得比較久，會在冬天枯萎之後，春天又

再長出來，所以綠色也代表正財，這個月領完了薪水下個月又會有，每個月持續領。而紅色就比較是一筆財富、橫財、大偏財。所以紅色的生命力是旺盛的、突破且充滿爆發力的；綠色的生命力是平穩且長期的，生生不息。

就水晶學來講，偏財是由黃色代表。偏財有小偏財跟大偏財，小偏財可能指在平常生活裡多賺進了幾千元幾萬元，可以去吃喝玩樂，這個就是黃色，也對應占星的第 5 宮，獅子座也是對應黃色。大偏財的話，就是天蠍座，天蠍座也是對應紅色跟黑色，中樂透拿遺產取得贍養費之類的。但托特牌應該不會跟錢財有關聯，除非今天算的是財運，就可以用這種方式來解牌。

心輪綠色，代表持續的生命力，代表和諧、空間感、人際之間的交流。所以綠色非常愛交朋友，與人為善。占星裡面的金星，特質就跟心輪很接近。心輪有兩個顏色，主色是綠色，副色是粉紅色，粉紅色就是對人的熱情與關懷，但是不會太給人侵略感。托特皇后牌，皇后對應的就是金星，又皇后的顏色就是金星的兩個顏色。皇后牌義是與人為善、對別人很好、非常懂得社會禮儀。有人說金星若是發展過度的話，容易膚淺與虛假，但這其實是拿捏尺度的問題，因為金星就是社會禮儀，代表我們的教養。如果我們每個人都拿出真性情來處世的話，

The Empress

皇后

這個社會一定會很亂，人跟人之間不太熟的時候，必須要有一些分際跟共通的禮儀、共同的語言。例如我的肢體語言會讓你知道我是善意的，這個就是金星，也就是綠色的特質。而金星，剛好就真的對應綠色。

托特牌的所有元素都會相互對應，且特質都會是相同的。至於皇后對應金星，愚人對應天王星，這不是克勞利發明的，是金色黎明會定下來的對應方式。

　　心輪代表我們讓給人家的一個空間，不要過度地擴張自我，要適時地修正與收斂，給別人喘氣的空間，才會有交流與和諧共處的可能性，所以綠色是非常友善的顏色，不會太冷也不會太熱，人緣非常好。紅色則是什麼都要照我說的算，不給人喘息的空間。綠色的人緣好，跟橘色的人緣好不太一樣。綠色會比較願意對人家好，走到哪裡，人緣好到哪裡；橘色是圈子較窄、連結性較強、跟我有關係的人，例如要已經到了夫妻或死黨的程度，才會願意對人好。其實綠色就跟皇后牌很接近，給人家感覺舒服，有禮貌，每個人都願意接近他。

　　也有另一派的說法，心輪有分為上心輪與下心輪，上心輪是綠色所掌管，代表對所有人的大愛，下心輪是粉紅色掌管，代表我們對自己的愛、夠不夠關心自己。有時候會看到有些人對別人很好，但是對自己不太在意，或者會常常為了別人的要求而委屈自己，或者是很容易被別人牽著鼻子走，那就是該人的下心輪粉紅色不太健全。電影亂世佳人的郝思佳，就是紅色人格牡羊特質非常重，但郝思佳很喜歡裝成大家閨秀，她看書理解到男人都很笨，喜歡大家閨秀，明明她自己比男人精明許多，但每一次表現出來的樣子都是「唉呀這種事情問你們男人就好了，我的小腦袋瓜怎麼想的通呢」。而且，郝思佳最喜歡穿綠色衣服，綠色過度發展的話，其實會發展成偽裝跟掩飾。

我認真地認為，有郝思佳這個真人的存在，且這位真人也確實喜歡穿綠色衣服，這個顏色會反映到心態與行為上。

★ 綠色脈輪過度 ★

綠色若是往好的方面發展，是很有禮貌的。但若一個人有禮貌過度，就會覺得很虛假，心裡話都不說出來，會過度修飾，聽他講什麼都只聽到很表面的東西。這通常有兩個原因，一個是本來就自我保護感很重，另一個是因為他覺得講出來也只是徒然增加大家的煩惱，大家也幫不上忙，那何必講呢。對他自己來講，其實就是客氣，不想給別人帶來麻煩，但別人就會覺得他很難接近，或是接近好像帶有什麼目的，或者太重視表面上的禮節，跟他相處反而無法放鬆。

迷彩服也是綠色，其實就是偽裝。以前我幫人家看色彩人格，朋友非常喜歡藍色（規規矩矩）跟黃色（光明正大），很討厭深綠色，所以非常討厭不能追根究柢的東西。像是談戀愛方面，會覺得可以接受男朋友的任何缺點，但絕不能接受說謊話，連一點點小謊話都不行。就算是有小三，只要他願意告訴你，你會覺得都還可以談。討厭深綠色，就是討厭別人對他不敞開心胸，也很討厭不知道別人心裡想什麼的感覺。

★ 綠色脈輪匱乏 ★

綠色和紅色是互補色，所以綠色不足時，會反映在紅色過度，所以會變得自我，跟自己沒關係的事情基本上會完全不在意，例如對動保、環保一點都不關心，因為覺得跟自己沒有直接的關係。或者缺乏關懷別人與交際的能力，若把他放在團體裡面需要交談的位置，他就會不自在。或者也有可能當他面對人多的場合時，會呼吸困難。這些都是綠色耗弱的表現。

牌陣裡面通常不會用到太多負面顏色的狀態，那這些負面特質到底什麼時候使用呢？例如當我們抽牌問一個人的缺點或問題點在哪裡，而抽出來的牌，顏色有一個特定的指向的話，可能就是這些顏色發展出來的負面狀況。解牌經驗越多，相信大家越能拿捏。

第五個脈輪：
喉輪

顏色：淺藍色

　　淺藍色是開闊的冷色系，較為沉穩、專業訴求，較不活蹦亂跳，是理性的顏色。喉輪本身就是一個訴求——我想要告訴別人什麼。淺藍色的喉輪跟綠色一樣，有跟別人交流溝通的成分，但是綠色的交流是溝通情感，淺藍色則是交流資訊，傳達想法與概念，是智性上的溝通。

　　淺藍色的人很聰明，且是理性與資訊上的聰明，他會消化這些資訊，再把資訊傳達給別人。這一點很像水星。喉輪人非常可以說服別人，也非常知道要如何表達自己的想法。但這

種聰明比較是書本上的聰明，很會念書，或是智商比較高一點的，但比較不是超凡入聖的智慧。而黃色的聰明是創意、發想一些大的東西、比較有新的可能性，類似靈巧式的聰明。「辯論」是淺藍色，「雄辯」是紅色，而黃色是「可能口頭上讓給你，但私底下還是有辦法讓你照他的意思做」。黃色其實不是很會講話，只是要你認同我，重視的是實質的東西。

喉輪就是表達的管道，表達其實是比較單向的，較少雙向性的，通常就是「我對你講話」，雙向性的比較是綠色的感覺。以前我的色彩學老師朋友講過一個例子：淺藍色是一個表達，負面特質的話就是會去規定一些東西或挑出別人不對的地方，因為凡事有一個標準在。該老師朋友到一對夫婦家，夫婦有一個小孩子，夫婦非常喜歡藍色，所有窗簾床套擺設通通是深深淺淺的藍色。那種都是藍色的狀態，就是對所有事情都有一個標準的程序，會覺得規定這樣就是這樣，大家都照著來，沒有什麼模糊地帶，但這就會壓抑別人表達的權利。

藍色是喉輪，等於你想講的話沒有辦法講出口，就會造成聲帶或是支氣管的問題。該老師已經是老手了，一看就知道家人會因此有難以表達的問題，便問：「你們的小孩是不是支氣管不好？」（因為都是大人在規定種種規矩，不讓小孩表達。）夫婦嚇一跳說：「你怎麼知道，孩子每次感冒咳嗽都很

久，都不會好。」這對爸媽的個性就是把一切都規定得太好了，小孩子沒有講話的空間，喉輪受阻就會有支氣管的問題。

★ 淺藍色脈輪過度 ★

喉輪是表達的東西，且是一般世俗的智慧，發展過度的話會壓抑到別人的表達權，或者講出來的都不是重點。

★ 淺藍色脈輪匱乏 ★

喉輪虛弱的話，我們都想像得到，這表示不太愛表達。其實我的脈輪檢測，也是喉輪不健全，電視上有的名嘴也是喉輪不好但一天到晚在講話，這是為什麼呢？理論上，喉輪不好，會無法完整表達出自己的意見，那為何名嘴一天到晚在講話，卻還是喉輪不好？這很有可能是因為「都在講別人的事情」，或者是「講的話都言不由衷」，或者「講的東西太過負面」。所以如果一直講一直講，但講的東西卻不是心裡想要講的話，或者講的不是真正該講的話，喉輪也會受損。那麼我的喉輪受損，可能是因為我以前做電話客服工作就已經講一堆自己不認同的屁話了。這裡的「喉輪受損」不是指聲音受損，而是氣場的概念，久而久之地，即使講自己想講的話，也會經歷一些掙扎的感覺。

　　有一些公眾人物，經常得在人前講話，常常講的可能不是自己該講的話，我判斷那些人長期下來就會喉輪受損，可是越受損，他講越多，就會一直講些不是自己想講的話。很多要為政府擦脂抹粉的人，雖然擅長言語，但他們的喉輪就會不好。名嘴的喉輪也都不好。有的是即使講的都是真話，但其實有更多想講的話壓在心裡面，沒有講出來，或者以前講了太多不想講的話，這樣也會喉輪受阻。

第六個脈輪：
眉心輪

顏色：深藍色、靛色，類似深紫藍，位處兩眼之中第三眼的位置

　　深藍色是有點夢幻、神秘的成分，只有他自己知道，別人都不知道。是一種智者的顏色，代表非凡的穿透力，第三隻眼可以看到別人看不到的東西，靛藍色有辦法發現一些玄秘與奧妙的東西。有些預言家、先知對事情有反常的敏銳度，或者說是一些超感知能力，這些都是眉心輪很強。命理界的眉心輪都很強，眉心輪就是看透一件事情的犀利程度與穿透力。第三隻眼可以看到世間其他人看不到的東西，所以眉心輪帶有神秘與玄妙的特質。

眉心輪人在個性上，基於看的東西都跟別人看的不一樣，所以可能有神經質，也可能特別有智慧，往往能一眼看到別人看不到的真相，不容易被愚弄，可以知道得比別人更徹底。有一些領域的學問，如果要念到碩士博士才有所成，若沒有這麼深入的穿透力，會很不容易達到。所以學習神祕學、很優秀的數學家（需要抽象思考）、很優秀的藝術家，眉心輪都會發展得很旺盛。

★ 藍色脈輪過度 ★

眉心輪發展過度旺盛者，也會給自己造成一些干擾，例如會一直思考停不下來而失眠，或者眉心輪發展過度旺盛導致頂輪能量場被消耗掉了。頂輪與海底輪是互相消長的，如果頂輪過強就表示海底輪很弱，就會「現實感不足」，整天飄來飄去想一些有的沒的；如果海底輪過強就表示過於重視現實，無法了解抽象的東西。

眉心輪深藍色有一種憂鬱的特質，因為想的太多，且想的事情別人都不了解，所以眉心輪的深藍色還有一種孤獨感，但是往好的方面發展是，會有一種靈性的智慧，類似聖杯皇后就充滿深深淺淺的藍。

★ 藍色脈輪匱乏 ★

　　過度發展是神經質，如果眉心輪耗弱，沒什麼能量的話，可能會類似聽信地下電台不實廣告，明明被騙卻堅信自己最聰明、別人都不懂，或是被詐騙時還罵警察，覺得自己根本沒有被騙。類似某詐騙受害者堅信自己會嫁給 CIA 局長一樣。我推測，她的眉心輪跟喉輪（思考能力）都出問題了，且黃色（太陽神經叢）過度發展。

第七個脈輪：
頂輪

顏色：紫色，位處頭上三吋的位置，
再上去是靈光場的領域金色跟白色，本書不探討到那個地方。
托特牌裡的金色可以直接當成黃色來看。

　　紫色是高貴，也有神秘、超然與特立獨行的意味。紫色的神秘與深藍色的神秘不太一樣，深藍色神秘是封閉的、關起來的，不讓你知道的神秘，類似一本和尚的書，你不打開來就不知道裡面寫什麼東西；但是紫色的神秘是就算在你面前敞開，你也看不懂，這是你無法理解的那種神秘。例如在我面前寫數學公式，就算寫得非常清楚也通通看不懂，對我而言，數學公式就是紫色。

　　紫色是比較浪漫、靈性、超然的感覺。其實喜歡紫色的人

都不太正常，喜歡的東西或理解的東西都跟一般人理解的方式不一樣，紫色已經離開肉體到達上三吋去了，所以喜歡的東西會超過一般能理解的物質化的層面。紫色人通常……比較沒有正常的紫色人，不是太好就是太壞。正常一點的紫色人會特別有靈性，特別容易了解靈性素材與抽象的概念。

★ 紫色脈輪過度 ★

紫色如果發展過度的話，就可能是天使幫了。所謂的「天使幫」就是不管怎麼樣都是講靈性，例如算牌時問為何我最近都不賺錢，我應該要怎麼做？天使幫就會回答：「啊～你要打開你的心，跟隨你的感覺，天使會幫你安排道路的。」那你可不可以告訴我問題在哪裡呢？「你的心裡自己就知道答案了，為什麼還要問我呢？要去傾聽內心的聲音。」那我接下來該怎麼做呢？「活在當下。」

這種就是非常紫色的感覺，虛無飄渺，不在現實裡面。也有可能太過靈性，不在現實生活裡了。有一些紫色人信宗教會信到走火入魔的程度，生活都不管，抱持虛幻的理想，工作也做不好。藝術家的紫色特質很強，思考與想法一定是脫離現實層面才會去當藝術家。但如果是過度發展、發展不好的狀況，或是沒有相對應的才華來支撐的話，容易變成妄想症的患者，

變得太過樂觀太過天真，但沒有事實作為基礎。

上世紀的珍金斯（Florence Foster Jenkins）就是個例子，他是位黑人女歌手，唱歌不好聽卻自以為超級會唱，領了遺產跟贍養費，非常有錢。他包下最大的音樂廳，請了紐約最豪華樂團來伴奏，還自己出唱片、打理造型，說自己是靈感天使。所有聽眾都在笑她，音樂廳高朋滿座，一票難求，但她認為大家是在忌妒她。這就是紫色過度發展。但是這種人我們笑歸笑，並不會影響到我們的正常生活，不會去罵她或攻擊她。但若是黃色的自我感覺良好的話，是會有能力影響到我們，例如上級的自我感覺良好，會指使我們去幹一些蠢事，明明知道做了也沒有用，但是就必須聽他的。所以黃色的自我感覺良好會更加討厭，就類似胖虎唱歌超級難聽，卻強迫所有鄰居小孩一起來聽他開演唱會。

★ 紫色脈輪匱乏 ★

如果頂輪耗弱，就會對上天沒有信心，會覺得自己是不受到眷顧的，靈感被封閉，決定事情時會感到很困難，或其實根本沒有辦法做出正確的決定，做任何事情都會覺得很辛苦。紫色就是傳達通往上天的旨意，或上天有一些指示，或者有一些第六感。如果通通都封閉住的話，就表示頭腦或生活產生一種

僵化的狀態，沒有辦法順著感覺走。紫色耗弱的話，會沒有辦法相信自己的感覺，所有事情都會要求證據，偏偏證據又會把他導引到錯誤的方向。

深藍色耗弱是判斷力不足，紫色耗弱是根本沒有辦法信任這些東西。紫色耗弱者跟紅色耗弱的人會有一點共通性，紅色海底輪耗弱的人會覺得自己隨時會死，會被淘汰，對於自己的生存沒有安全感。生存是基本的權力，紅色耗弱會對於基本生存權沒有安全感，但紫色耗弱的人會對於可以舒服的、安心的、快樂的通向未來這件事情沒有安全感，沒有信任感。

紫色耗弱的人通常想像力不足，沒有辦法超越自己認知的東西，講事情轉一個彎或者複雜一點點，他就會聽不懂。缺乏紫色的人會無法理解抽象的東西，只能照字面去理解意思。

紫色耗弱而海底輪發展過度的，會無法去欣賞藝術，不會去聽音樂，不相信自己可以好好地過日子，所以會更變相地去搜刮錢財，會覺得錢最有用。頂輪沒有了，就會靠向另一端，所以海底輪會發展過度，但這也是對生命不信任的表現。若是紫色發展過度但海底輪耗弱，可能不斷地求神拜佛才是唯一的救贖，小孩子不念書或吃不飽都沒關係，只要冀望死後上天堂就好了，這也是對現實生命的不信任，所以只能去期望未來。

Chapter 2

四大元素
與
色彩對應

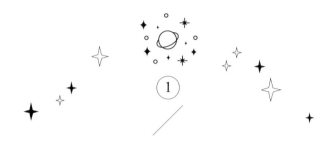

火元素

　　紅色、橘色、黃色，都是下三輪的顏色，所以代表生物性的本能與衝動。火元素的衝動，通常對於名聲、世俗權力會有目標性的衝動，且主要是鎖定一個目標，一旦有衝動的話，就會去行動。前述的色彩學有稍微提到，黃色有魄力，紅色也有魄力，這兩者的魄力差別是：紅色魄力靠直覺，並不經過大腦，有了衝動就會直接去做，許多大事業常常是紅色人做出來的，但是同時許多犯罪行為也都是紅色魄力；黃色魄力也是很快可以做決定，但黃色比較適合當領導者，黃色是光明，金色的暗化，大家會比較願意追隨他，他也是受人矚目的，也比較替別人著想，黃色是對應獅子座，會在乎其他人對他的評價，黃色做的決定會是經過詳細考慮的，考慮彼此的立場，考慮大家的想法，就類似政府首長做決定必須考慮到民意。所以紅色

的魄力是類似嬰兒的魄力，不考慮其他的事情。

　　牌上面如果出現比較多的黃色的話，會很有領導魅力、領袖魅力，也比較被大家喜愛，缺點可能就是好大喜功，做決策之後都是別人去執行，自己不執行。黃色比較社會化一點，所以可以做出最符合社會需求、常識判斷與社會形象的決策。因此黃色代表火元素的名聲、領導、權威性，也跟地位有關。一般而言，火元素並不代表錢財，但如果是黃色來代表，那就會帶有一點錢財的成分。比較是「先出名」，出名之後跟著而來的錢財。所以牌裡面的黃色，除了火元素之外還會有一些群體性、社會地位、社會適應能力，會比一般的火元素有錢（或是多擁有一些實質的東西）。

　　紅色代表的是火元素裡面的行動力、執行能力。黃色有心智的成分在裡面，比較精明，所以會比較策劃、規劃、籌畫，但紅色是只要給一個籠統的目標就會衝出去了。所以紅色代表欲望與目標性，就類似肚子餓的感覺、對權力的需求、或是覺得別人都一定要聽我的，這類欲望通通都是紅色代表，非常的生物性本能，起因於欲求與衝動。黃色則是經過評估與策劃之後的決定。

　　怒氣或任何亢奮的情緒，例如熱情、焦躁，都是紅色在管的，所以橘色（紅色＋黃色）就會很好理解了。橘色沒有紅色

那樣的激烈衝動，也沒有黃色那樣的光説不練，所以，重視感官享受，一樣有紅色欲望，但沒那麼強烈；喜歡跟別人連結，不像紅色那麼地自我中心，也不像黃色那樣希望別人認同自己。所以橘色就是希望與別人連結，好好相處，培養一個良好的人際關係。

如果我們把社會上主要的目標，或是社會上需要的東西，以顏色來表達，紅色就是要實質的東西，要錢；黃色要名；橘色是錢跟名都要，但是一半一半。紅色可能只管賺錢，但是都沒時間花錢。黃色是都把錢灑在別人身上做面子，且可能會不好意思去賺別人的錢，黃色會覺得「賺別人的錢，這像話嗎？」「被誤以為自己以利益為主的話該怎麼辦？」橘色當然愛賺錢，但不會把所有時間放在賺錢上，所以是適量地賺錢，然後花掉（會存一點點），花得差不多就再去賺錢。但是如果只有賺錢都沒時間花錢，橘色就會覺得賺錢賺得很沒意義，橘色賺錢是賺適量的錢，不會像黃色不敢賺錢，也不會像紅色巧取豪奪。橘色就在中間，賺該賺的錢，且會花出去，過著比較平衡且舒適的生活，所以不會給自己壓力。

紅色給自己壓力的方式就是貪婪，總覺得什麼都不夠或什麼都是他的。黃色的壓力是偶像包袱，以我的身分不可以做出圈圈叉叉的事情。橘色就會比較自在，但橘色的缺點就是，跟

紅色黃色相比，橘色可能會有懶惰的問題，沉溺在享樂裡面，而忘記重要目標。因為太在乎生理感官上的享受，以及當下就可以拿到的東西，所以可能不太喜歡去計劃未來。橘色為了享樂而賺錢，如果沒什麼要買的東西，就沒什麼動力去賺錢了。

橘色應該是能把日子過得最好的。橘色並不要太好的名聲，要的只是大家好好相處。如果太有名的話，會有壓力、覺得很麻煩。橘色喜歡容易解決的事情，願意花力氣，但不太願意花太多力氣。

談到這裡，稍微做邏輯的推導連結，如果紅色與橘色一起出現，這個橘色會顯得比較貪婪，會有更想要的欲望，而且不只「要」，還會「要精緻化」、「要得到最好的」，紅色則是得到就好。所以紅色橘色一起出現的話，此時紅色會顯得要求更多，需求更多。

紅色與綠色一起出現的話，此時紅色更不會為別人著想，紅色和綠色是對比色，就會更凸顯紅色要在眾人面前展現的領導能力。但如果是一整片綠色把紅色包起來，可能表示衝動或會引起戰鬥本能的原因是「為了別人」。紅色、綠色其實都是生命力的象徵，一起出現就是生命力很旺盛且非常持久。紅色動物的生命力非常強而有力，但可能一下子就消耗光，綠色是植物生命力，生生不息，比較平穩，所以紅色綠色一起出現代

表生命力強韌且可以長久持續下去。

　　紅色藍色一起出現，藍色是靈性，紅色是獸性，可能象徵天人交戰。托特牌裡面，紅色藍色打架最嚴重的就是戰車牌，內心的紅色很想要衝出去，畢其功於一役，但被外面的藍色包裹住，一直反覆思考又不太行動。如果是藍色在裡面，而紅色在外面，那就會非常好，保有十足行動力的同時，腦袋還非常冷靜，內心很有定見，不會被衝動給沖昏頭，做每一件事情都知道自己在幹嘛。但戰車牌是反過來，藍色的過多思慮把紅色的行動力給壓制住了，變成：我非常想去做，不做這件事情會死，但是藍色的出現就代表了「But……」。例如可能會想「But 這件事情如果這麼簡單的話，早就有別人去做了。」又或者是「But 我又不懂這事情，怎麼可能會成功呢？」或者「But 這事情應該沒有我想的這麼簡單。」於是到最後就什麼事都沒有做。

　　戰車牌中間的黃色是盔甲，保護住他自己，會試圖做出對大家都好的正確事情，所以如果是在工作上出現的話，筆者會猜測是完美主義者，希望做出來的事情是大家都可以認同的，因此會非常有動力要去做一件事，且不斷地想修正到最好，要等到準備好了才要開始做，但其實，這樣的心態也意味著永遠沒有準備好的一天。我從小的經驗就是如此，準備了半天，最

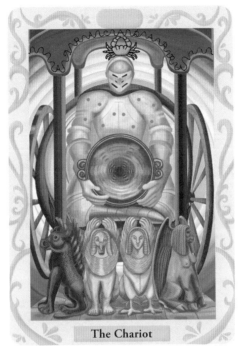

The Chariot

戰車

後就是會忘記去做，或是快要去做時卻越想越害怕，於是趕快開啟另外一個計畫，所以無法繼續做原本這件事。其實從結果來看都是自欺欺人，一切只是因為怕失敗。因此，最後筆者在工作時就都豁出去了，做錯了再來說，但當時結果都很不錯，或者也會有貴人來幫忙收拾，所以經驗值又增加了。

　　所以戰車牌在我眼裡是一張考慮過多而無法去行動、去攻略的牌，優點則是非常善於防守，守護一些東西。戰車牌無法

去攻陷別人的國家，但很擅長守衛自己國家不要被侵入，但這一點我個人並不欣賞，所以認為這張牌是個瓶頸。如果今天的問題是：「我如果轉行，或放手一搏，這樣好不好？」抽到戰車牌的話，代表無法克服自己內心的恐懼，要放手一搏往前衝應該是做不到。但如果問題是有沒有辦法「守成」，例如能否鞏固維護現有的成就再慢慢改良？這張戰車牌就很好。

紅色在戰車裡面，代表的是衝動與本能，戰車是巨蟹座，水象基本宮。基本宮其實是類似火的能量，非常衝動且萌發，代表現在就開始、現在就去做。水象是跟藍色連結的（藍色是水元素跟風元素的顏色），代表沉潛醞釀，托特戰車牌看起來就是水包住基本宮的特質。托特的內涵非常豐富，只要把占星跟色彩搞定，其它的知道也好，不知道也無所謂，其實殊途同歸，通通指向同一個意思。

火元素顏色就是很生物性的，越往上面，脈輪的生物性就減弱，到了黃色只剩下愛面子跟打腫臉充胖子的成分很生物性，但是黃色也會顧慮到別人，是比較是高層次的火元素，所以很容易轉化成金色。

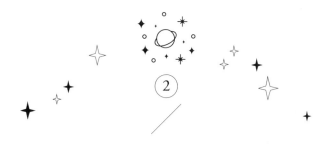

風元素

　　對應的顏色會跟其它顏色有點重複，黃色、淺綠、正綠、淺藍、偶爾深藍色。

　　黃色、綠色、淺藍色，分別是太陽神經叢輪、心輪、喉輪，語言與溝通就是喉輪，淺藍色本身就代表理性，稍微冷淡且比較不願意表達情緒。我認識非常喜歡淺藍色的朋友都不太講話，同時喜歡淺藍色跟黃色的人則會有點做作，但喜歡黃色的人會大張旗鼓跟人家說自己多厲害，喜歡淺藍色的人就是不講話默默地吸引別人注意。我自己比較橘色，就會被淺藍色人吸引。

　　淺藍色是用理性把自己包裝起來，深藍色就真的是活在自己的世界裡，防衛心比較強。淺藍色是「看起來」防衛心強，其實是等待人家接近他，或者是希望人家可以理解他的邏輯。

風元素跟綠色相通的是同理心、跟別人交流、交朋友的能力、讓別人喜歡他的能力。

　　深藍色代表深層的智慧，但這深層智慧並沒有在風元素裡面出現，風元素的智慧並非很內心的智慧，而是思維清楚，邏輯明快，分析能力很透徹，並不是內在深層智慧。故風元素太強的人跟土元素很強的人一樣，只信思維邏輯。土元素的人看電影，會注意為何在這一幕是右手在痛，轉身後變成左手在痛，土元素會注重固定規律以外的東西、不連續的狀況。風元素是把愛情電影當成柯南在看，認為鐵達尼號不過就是一場交通意外，怎麼能拍成電影，或者會懷疑為何男主角會為女主角犧牲，他們不是才認識幾天而已嗎。風元素會去分析跟解構，土元素會看到與常軌不符的地方，例如「為何才差一分鐘衣服就變了」。

　　黃色在風元素裡面凸顯出來的是，黃色非常善於觀察局勢，分析現在所有的情勢。綠色在風元素裡面扮演的角色是人際、對外去開拓、交流的能力。淺藍色在風元素代表的是形象：冷靜、理性、分析能力強。所以跟風元素過強的人一起混，有時候會蠻無聊的。

土元素

　　黃色、咖啡色、綠色，土元素就是買衣服的大地色系。

　　黃色跟火元素搭配起來，是強調領導與做決策的能力，黃色跟風元素搭配是精明算計、善於觀察分析的能力。黃色在土元素裡面代表實際、社會化的部分。黃色是世俗的顏色，會注重別人看他的眼光，這其實就是傳統社會裡面的價值觀。傳統社會就是土元素的整體性跟組織性，在傳統價值觀裡面非常在意別人怎麼說他，尤其是鄰居同學同事，所以黃色代表要做一個光明正大的好人，要無愧於心、要公諸於世等等，這些都很土元素。

　　咖啡色在色彩學裡面，是深化的黃色，也是凝固的紅色。所以咖啡色在土元素裡面，代表凝固住的能量（紅色是一股很大的能量）。因此，土跟火會比風跟水的力量還大，土跟火

是實際的元素，而風跟水是所謂的渙散元素，就是一些想法飄來飄去的。但土跟火都會有實際的目標與作為，火元素動作很快，算是跑百米賽的，相較之下土元素是跑馬拉松，土元素的能量不能一下子就燃燒完，而是儲存起來慢慢釋放，所以會是深化的紅色，也就是咖啡色，再深化一點就是黑色。黑色常常出現在土元素跟火元素裡面，有時候也會出現在水元素牌裡面。

土元素有固執、持久戰、剛毅木訥與溫和的印象。水元素也很溫和，土跟水都是陰性元素，被動元素本來就沒有侵略性。土還是大地，是培育我們的，充滿母性的，資源充沛。土壤裡面什麼營養都有，先種出植物，動物才能吃植物，等於說整個生態圈都是由大地為起點，是我們的源頭，所以也是生命力供給的來源。但這種生命力並非充電式充飽了就可以用，而是這一代死亡、下一代新生的類型，所以綠色代表生生不息的生命力永遠不會停止。但如果是電力瓦斯那種資源，就會是火元素的代表，會有用完的一天。

所以綠色在土元素裡面代表生命力、健康、穩定的財富，類似你開一家店，每天都有固定的營收，或是找一份工作，每個月有固定的收入，這些都是在綠色的範圍裡面，所以之前色彩學也寫過綠色代表正財，戴水晶也可以戴綠幽靈，就會對正

財有幫助。黃色是在危機出現的時候，會去判斷情勢看下一步要怎麼走，所以黃色水晶會是比較偏財的。

　　有些人説，去應徵工作時，希望被覺得有活力、積極進取、上進心強，所以穿著紅色衣服去面試，其實這很冒險，説不定個人特質與膚色就已經不適合紅色了，再者，應徵工作穿紅色時會顯得自我意識太強，且帶有侵略性，其實是不適合去公司行號面試的。所以大家對於色彩學，還是要有判斷與思考的能力。照筆者的看法，去應徵工作的話，可能穿淺藍色（平和且專業）、黑色（沉穩莊重且人家摸不清楚你的底，或是講話是展現一部份的自己，其實背後還有許多資源沒有拿出來的感覺）、綠色（我很好相處，是中間色，適應力很強，可以融入環境與人打成一片）會比較適合。但是不能是深綠色，會有笑面虎狡詐的感覺。但我也認為，基本上還是要看膚色，色彩學有其力量，但不是從穿什麼顏色來決定一切的。有些人穿綠色就會顯得面黃肌瘦很不適合，那綠色再怎樣好，他也不能穿。

水元素

白色、藍色（深藍到淺藍）、偶爾黑色、紫色。

白色代表水元素的「容易被影響」、「洗淨能力」，但是洗乾淨別人的同時，自己也會弄髒，具備「被影響」的被動性。白色也代表單純的感覺，也有靈性的意味，是七彩顏色光融合起來的顏色，代表綜合、一切的療癒、大愛的顏色。所以倒吊人是吊在那邊療癒的，完全沒有承受一點痛苦的樣子。聖杯 1 是水元素到達極致的牌，但有七彩顏色，有人就會好奇為何聖杯 1 會有這麼紅的顏色？紅色跟水元素不搭呀？但我認為，聖杯 1 的七彩，是白色的光折射出來的，所以如果七種顏色通通出現，表示這張牌的顏色還是白色。

有時候在解牌時，譬如說五張牌、六張牌，各種顏色全部都到齊了，那這副牌的顏色就算是黑色跟白色。這是整副牌

綜合起來的解法。解牌時會先從牌義跟數字解一次，再從占星符號解一次，最後從顏色再解一次，最後都是殊途同歸。之前在我的解牌課上，就有父親一直抱怨小孩，占卜父子關係時，父親顏色是深紫色，小孩顏色是淡紫色，大家就竊竊私語有其父必有其子。兩個人的對比性與特殊性，從顏色就可以一目了然。後來我的經驗發現，牌義與數字通常會顯現事實的輪廓面，占星符號會顯現這件事情的細節跟可以採取的做法，色彩則顯示出人格面與心情。

父親很生氣小孩不切實際、不好好念書，高中生淡紫色是水元素的顏色，但高中男生不太會去接觸神祕學，所以應該是喜歡水元素很夢幻的東西，比較是藝術音樂領域的東西，結果他兒子就是玩樂團玩到不愛念書。這個部份從牌義會比較分析不出來，但托特的色彩可以提供另一個角度。再來，父親自己也是深紫色，對水元素神祕學當然也有興趣（都去上解牌課了），但父親摩羯座的想法會是「我乖乖地工作了二十幾年才來接觸自己的興趣，兒子還在為工作打底時就去玩樂團，以後要怎麼工作？」深紫色是把對水元素（神祕學）的想法先隱藏起來，之後才釋放。兒子是淺紫色，就是在這年紀就已經優游在其中。兩種紫色對比起來，也可以有這樣的詮釋。

從淺藍色到深藍色通通是水元素，藍色代表「平靜的水」

Queen of Cups

聖杯皇后

的那一面，雖然水的變動性很大，但如果是藍色的水，就會是
平靜與祥和的感覺。水元素強的人，不是愛幻想路線的話，
通常會給人包容性強、很能了解我的感覺，所以藍色也有一種
「洞察力」，話最少的人往往看事情看得最清楚。光是藍色的
話，包容性可能沒有很大，藍色會有一些自己的想法，可能躲
在自己世界裡面，不太認同別人也不需要別人認同他，但純藍
色的人畢竟比較少。藍色過多可能代表一種偏執，躲在自己世

Prince of Cups

聖杯王子

界裡的那種偏執。

　　如果是非常寬容與支持的藍色，通常會搭配白色一起出現，所以聖杯皇后就是白色加藍色，女性皇后奉獻性質也強，藍色多但白色也佔到一定比例。最愛幻想的聖杯王子，躲在自己世界裡面不出來，就類似很多男生打線上遊戲，全部都是藍色，且還是紫藍色。

　　黑色在水元素裡面比較少出現，具備深層神秘的感覺，通

Death

死神

常代表潛意識、恐懼、憂鬱不安，例如被過往的事情和回憶纏住，或是一些很深的焦慮感，或是恐懼恐慌，影響到當事人的情緒，如同掉入深淵爬不出來。有黑色水元素的牌，最明顯的就是死神與月亮，但黑色也代表一些隱藏的智慧，不見得都是壞的，只是我們還不知道而已。

死神牌的意境與象徵就很有趣，黑色代表生命的奧秘，如果我們死亡時，另外的世界對我們來說就是一場未知的奧秘，

Princess of Cups

聖杯公主

而且裡面一定有許多豐富智慧，還有一些我們從來不知道的東西。大家都會覺得死神看起來很可怕，還拿著一把大鐮刀，鐮刀的象徵意義就是「收割」，我們活了一輩子，有許多智慧結晶與在人世中學到的經驗，而死亡就是一個收成，因為可以帶著這些經歷回到另外一個世界，所以鐮刀在這裡是吉祥的象徵。許多人會把鐮刀當成凶器看，但要當凶器的話，比鐮刀更好的選擇其實比比皆是，拿斧頭會比較快。所以鐮刀真正意義

Lust

慾

是「收成」，收成這一世所累積到的智慧與經驗。

紫色是靈性。白色的靈性比較屬於純粹與神性的感覺，但紫色就比較像是藝術家個性或是不切實際者所擁有的特質，是比較抽象的顏色。往好的或往壞的發展都有可能。紫色在水元素裡面出現得不多，常常被用在「還沒有發揮出來的力量」或者是「還沒有顯現出來的靈性智慧」，所以牌卡上深紫色比較多，且在土元素、火元素都會被用到，通常被當成「背景

Interference

寶劍 8

色」，代表除了前面的主角之外，後面還有尚未彰顯出來的智慧。紫色不太當主色。聖杯公主是水中之水，最善變、最柔和、最不被定型的水元素牌，就是粉紫色，很愛幻想。粉紫色、淡紫色會比較細膩與神經質一點。紫藍色代表靈性的寧靜與崇高，類似修行人待在山裡面安安靜靜的樣子，但若是紫紅色就會有點瘋狂、神經質、甚至有點反社會傾向。紫紅色並非真正的進入神性世界的裡面，是紫色加了一點紅色，充滿個人

The Star

星星

想法、個人主張、活在腦子裡面的世界，所以紫紅色人精神不會很正常，對外界會諸多抱怨且自我中心（其自我中心的程度可能比純紅色還要嚴重）。

紫紅色不太在托特牌裡面出現，「慾」（力量）是深紫色為背景，表示背後尚未顯現出來的力量，背景還有漩渦狀，兩個加起來是海底輪的顏色。寶劍 8 是紫紅色，代表自己的思緒在混亂的狀態，雖然很有創意但不知道接下來怎麼做，類似梵

谷很有才華但精神不太正常那樣。

　　接下來是分類星座特質，這裡的「行星」與「星座」會分開來，例如天秤座的特質會拿掉金星的部分，因為金星就是女皇牌，不會是天秤座。我們都知道水瓶座神經神經的，但是在塔羅牌裡面「星星」（代表水瓶座）一點都不神經，反而很智慧清明，因為已經拿掉天王星的特質，水瓶座的怪異都是從天王星過來的，而塔羅牌系統中，天王星已經分配給愚者了，所以星星牌就一點都不怪。星星牌是正紫色的風元素，不是偏紫或粉紫，因為風元素的紫色就是比較思維邏輯的感覺。

Chapter 3

十二星座：
火→土→風→水

四象

成	火（有形無體）	牡羊座（基本）	獅子座（固定）	射手座（變動）
住	土（有形有體）	金牛座（固定）	處女座（變動）	摩羯座（基本）
壞	風（無形無體）	雙子座（變動）	天秤座（基本）	水瓶座（固定）
空	水（無形有體）	雙魚座（變動）	巨蟹座（基本）	天蠍座（固定）

　　「成」是顯現出來的意思，代表嬰兒剛剛出生，形象剛剛顯現出來的時候，是有形無體，剛開始看到但是還未定型，也無法收起來或固定下來。然後慢慢長大就是「住」，固定在一個型態裡面，變成凝固長期穩定狀態的樣子，所以土元素是有形有體，在「住」的時候時間會最久。土元素也象徵緩慢、漫長之意，也會有堅持最久的意思，所以我們人類也是處在「住」這個階段最久，「住」就是長大成人一直到老化之前的狀態，這段時間都是「住」。我們有力氣有形象，可以做一些

事情，有固定的生活模式習慣與才華和個性。在火的階段，其實個性與未來度都還沒有定型，身份也還沒有定型。

　　但是等到我們老化了，我們就要將擁有的東西一個一個放下來了，工作會慢慢退休交棒，也不能像年輕人那樣背負大責任或工作太久時間。身體代謝會變慢，視力聽力會慢慢退化，牙齒也會咬不動，這個階段就是「壞」，開始損壞的意思，也就是開始被改變了。本來是好好的東西，開始這邊破掉、那邊被耗弱掉，這裡就是風元素的「壞」，由此可以知道塔羅牌裡面的寶劍牌，都沒有好牌。代表一個好好的、安全的狀態、很舒適的狀態，一遇到風元素就會開始缺角與破損。

　　「空」就是死了，但不代表都沒有了，代表所有的東西都失去形體，但回到本質，風只是開始改變，但水則是以前有的東西通通分解溶化，沒有了。所以我們可以重新塑造。類似我們人死了，如果相信有靈魂的話，我們可能在靈界就計畫下輩子要經歷的功課，再重新塑造一個生命出來，所以水元素通常是最開始，也是最後的。因此筆者的奧修禪卡書把空白牌定位成水元素。

　　每個「象」的三個星座雖然元素相同，但也還是有不同。如果看一般的星座書，可能會看不出來牡羊座跟獅子座有何不同，或者分不清楚巨蟹座和天蠍座的差異在哪，或者雙子座跟水瓶座有什麼不同。但是一旦加入了三態宮，就可以看出差異，因為星座就是四象三態的組合。

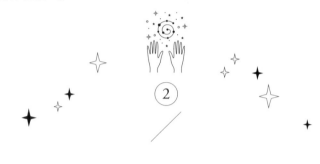

三態

基本（火）		固定（土）		變動（風、水）
木	火	土	金	水
萌發	成長、成就	完成、成熟（但還是粗胚）	雕琢、精緻化	放手了

　　基本是類似火的能量，火元素的基本意思是「站在起跑點、開始、創新、開創、創始」，所以就是基本的、已經形成的。基本宮代表一樣東西剛剛生成的時候，所以是從「變動→不動」，生命力非常旺盛，類似我們剛剛進入職場還是菜鳥的時候，看起來生命力很旺盛，但是菜鳥的目標就是成為老鳥，到了老鳥階段又會很羨慕菜鳥的活力，所以基本宮的目的其實就是要進入固定宮，就像季節更迭，從春天要進入夏天的時候，基本上都很冷，偶爾會有幾天出現太陽，因為快要進入

夏天，晴天會出現得越來越頻繁，這就是基本宮，從不定時的出現到「出現越來越多」，也就是從試探的程度，到越做越用力。這就類似想要做到什麼職位或工作，會先嘗試，嘗試之後得到的機會就會越來越多，也累積許多經驗，這就是基本宮。所以基本宮不是固定一個型態，而是「你還沒有成為你想要成為的那個人，但是你正在成為的途中」。

到了夏天的中間，七、八月份的時候，夏天就到了頂點，每天都是夏天、都是晴天，這個就是固定宮，我們非常可以確定「每天都很熱」，我們都知道了！而且基本上變動的機會不大，這就是固定宮的特質。這跟土元素的特質很相近。

到了變動宮，夏天要轉進秋天了，夏天的本質會開始破壞，會夾雜陰天和雨天，就是風元素。一直到夏天完全被秋天取代，此時就是水元素，夏天已經不見了。所以筆者一直認為三態宮跟中國古代的五行是比較合的。五行的順序並非金木水火土，五行的順序其實是木火土金水，五行的「木」代表萌發的意思，所有植物都屬於木，地球生態是從植物先開始，植物就是萌發，開始展現出來被我們看到，所以很像火元素裡面「光」的成分，先被看到。五行的「火」就類似我們青春期成長過程中，必須一直吃東西燃燒能量來讓我們長大，所以是成長或成就，做某一件事情並把它做完。

　　土元素就是固定的，五行的「土」也是固定的意思，就是我進入這個社會了，或者我變成群體當中的一個人了，「變成」一種「我已經長成了、我的身體很好、機能已經發育完全」的意思。其實四大元素的土比較是實質方面，五行的話比較像「作用力」，所以四大元素裡面，土元素才代表錢，錢是實質的東西，且植物動物是世界貿易的來源，金錢活動都是植物動物所產生的。鑽石也是從山裡面挖出來的，也是土裡面的一部份。

　　但是在東方五行裡面，「水」才代表錢，因為代表錢的型態「流動」。所以把五行跟四大元素放在一起看，對應的東西就會出現落差。五行的土就是「完成了，一個東西發育成熟了，固定在某一個模式裡面了」，但是這個成熟之後也還只是粗胚，這類似四大元素的火元素，成就了但也還只是粗胚。所以四大元素跟五行混合起來，一個可能要對應兩三個。五行的金代表雕琢、精益求精、精緻化，所以金型人代表聰明、鍛鍊。五行土只是代表你完成了這樣的一個人，但是五行金代表你提升到了更高的層次，更聰明、學的東西更多、地位更好、能力更強，所以金的口才也很好。

　　最後的五行水代表「成就到最高峰了，很聰明了，但是到了水，又通通放手了」的意思。在五行裡面，最聰明的也是

水，放手以後跟眾人在一起時，自己不用背負一堆東西，所以水代表智慧也代表善解人意，還代表我可以知道任何事情，心胸是放得最開的。

如果不分物質或型態的話，基本宮其實跟火蠻像的，固定宮類似土象，變動宮則是風跟水的感覺。

火象星座：
牡羊、獅子、射手

　　在火象裡面，射手座最不像火象，牡羊跟獅子都會被寫成雄壯威武，但射手就會被寫成幼稚版的火。火象代表提升，喜歡追求智慧，火通常是「自以為在追求金錢，不小心變成在追求智慧了」。火象是不斷地提升之後就會進入到另外一個境界。射手座其實靈性很強烈，是宗教之宮、哲學之宮，射手座不像火的地方是：火會很目標導向、野心勃勃，但射手座都沒有。射手座一樣充滿熱情（這一點很像火），只是熱情每隔幾分鐘就換一次，所以射手的熱情是目標很多的，牡羊跟獅子就會有固定在追求的東西，但射手就換來換去。射手的三態宮是變動宮，理論上火象是鎖定目標就會往前衝，但是變動宮就會

常常在分心，或者説是追求目標太過實際的話，會轉變為別的
目標，例如説目標存錢一百萬，等到存到的時候又會想「存到
這些錢要幹嘛？有什麼意義？」他會想到別的，變動宮就是想
要把它轉化為別的東西。

另外兩個火象星座就比較實際，牡羊要的是權力、自己
爽、隨心所欲不用配合別人，唯我獨尊。牡羊是火象基本宮，
火裡面的火，會特別的幼稚、自我中心、本位主義。而獅子像
火的地方是一樣很有熱情動力，但是獅子座愛面子。牡羊座則
是只要自己爽、自己覺得很有面子，才不會去管別人怎麼看，
就算別人講什麼我也聽不進去，類似牡羊座的男人會覺得在外
面兇老婆會很有面子，表示我最大，但其實別人都看不起他。

但獅子座可能對老婆大聲一點，就害怕被別人看到，會有
損他的形象，類似黃色獅子座會有偶像包袱，因為固定宮類似
土元素，會非常重視社會群體、公司、國家這種傳統道德價值
觀，或者公眾對他的評價，所以獅子跟牡羊最大的不同是「獅
子在乎別人怎麼講，而牡羊不在乎」。

之前有同行對我講，可以出書是因為跟魔王訂了契約。身
為月亮牡羊的我就認為：「這種小事也要跟魔王訂契約，這麼
説來，那個人很羨慕我囉！我在她眼裡混得還不錯囉。不爽的
是她，干我什麼事。」我絲毫不為所動，自我感覺良好。但如

果是獅子座，就會覺得：「絕對沒有這種事，我告訴你這一行才沒有什麼跟魔王訂契約的事情。我必須要維護我的尊嚴！」獅子座會非常當一回事，牡羊則可能想一下對自己沒有什麼損失，就會算了不理它。

　　所以基本宮就是站在自己的立場：「我想要什麼東西就會自己去抓住」。但是固定宮則會：「我自己做的事情不能影響到別人」或者「不能給別人造成壞印象」。固定宮是群體主義，認為生活在社會上不能違反他人或規範。所以我們會發現，獅子座偶像包袱重。

　　射手座是火象變動宮。獅子算是三個火象裡面最沒有目標要遵守的，射手是三個火象裡面求知欲最強、最想學東西的。變動宮沒有包袱，會覺得人生不一樣的階段就應該做些不一樣的事情，或者我想要的這個目標會需要這個才能也需要那個才能來達成，或者沒有任何目標（變動宮缺乏目標性），學這些東西就是目標，只要我高興，所以射手座比較自我。火元素其實制約性很強，一定要達到某一種目標某一種野心，但是變動宮就會導致「射手座沒有那麼偏執，但是也容易分心」。所以我認為花心的其實是射手（韋小寶、段正淳）。

土象星座：
金牛、處女、摩羯

　　土元素裡面，最不像土元素的是處女座。處女座是變動宮，與土象衝突，什麼小氣王顧人怨王愛解釋王都是處女座，但土象自己並不覺得自己小氣，而是「我們比較會打算而已」、「錢要花在刀口上」。四象裡面，火象和水象都大方，火象是大方，水象是沒有金錢觀念，所以會看起來很大方。水象並沒有故意要請客，只是不知道請一個人跟請一些人的差別有多少，「一個人也不過幾百塊啊，有差很多嗎？」然後錢就稀哩呼嚕流出去了。東方的五行「水」代表聚財，西方四大元素「水元素」代表漏財。

　　處女座跟土元素不一樣的地方是，土元素目標性強，但處

女座會因重視細節而忘記目標在哪裡，會去鑽研小細節。重點明明是最後的目標，但處女座是完美主義者，會把每一個細節做到好，但是不太管最後組合成什麼樣子，目標性常常會分散掉。處女座常常會講得一副很有原則的樣子，但是今天的原則跟明天的原則會不太一樣。筆者認為，處女座很會狡辯，比雙子座還要嚴重。

處女座還會做作，講的是一套做的是另一套。還會合理化自己所做的事情，會先做了事情之後再來解釋自己為何要這樣做。我們對土象星座一般的印象是穩重、誠實、會打算、為群體著想，這些特質雖然在處女座身上也看得到，但是都變形了。四象是本質，而處女座土象的本質是很愛打算、算計的，但是三態宮的作用力（變動宮）會導致處女座花起錢來就不一樣了。

處女座非常注重原則，非常希望別人肯定自己，非常注意形象，也很注意別人怎樣講他。獅子座也很注重形象，要別人覺得獅子座很了不起。但是處女座是小心翼翼，會希望別人都認為我沒做錯，別人都認為我是對的，所以當成果不符合他想像時，他就會轉一個彎：「那是因為怎樣怎樣怎樣。」為的只是表達「其實我還是對的」，他沒有辦法去接受自己做的是錯的。因為變動性強所以也沒有堅強的意志力，但是又希望自己

有那個意志力，就會變得內外有一點不搭。處女座最像土象的地方是非常努力，連「解釋」也非常努力，他沒有辦法接受人家覺得他不好，所以處女座才會被公認是解釋王，最愛解釋了。

標準處女座的人，讓他沒有解釋機會的話會非常不滿，一旦給他機會，就會用一大堆歪理來解釋，當他解釋完了，如果你反駁「根本說不通啊」，處女座就會表現出「我已經解釋過了，要不要相信那是你的事了。」他就會自己心安理得了。所以對付他們最好的方法就是不要讓他們有機會解釋，他們會感覺有東西梗在胸口那樣不吐不快。處女座是原則與觀念的地方像土象，例如做事一板一眼的地方像土象，但是做法沒有辦法像土象，很愛狡辯就是變動宮了。而表現很棒的處女座可能就是兩者調換過來，想法很有彈性但做事情很有原則。但十二星座通常都是負面比正面多，因為這才是人性。

金牛座與摩羯座相比，金牛座比較土象，不太管別人的事情。摩羯座很固執像土象，但摩羯座不太會享受，摩羯座是野心勃勃的星座，但土象不會野心勃勃，土元素是感官的元素「只要我日子過得好就可以了」，所以摩羯座是基本宮，土元素非常執著，加上基本宮決定一件事情就一定要做到，所以就會很有野心且目標遠大。金牛座就會很慵懶，只有在賺錢的時

候很勤勞、做固定做的事情會很勤勞。他的想法是「如果我做完這件固定做的事情可以省下未來幾年的麻煩，那我就會很勤勞。」基本上土象固定宮都是被動特質，金牛的固執會是「我愛怎麼做就怎麼做，不用你管我，我一句話都不聽你的。」但如果做一件跟金牛相反的事情時，金牛也不會來管你，金牛不會來碎碎念你應該這樣、應該那樣（那是處女座）。處女座很愛管你，但是叫他幫你做他又不要，但處女座有個好處，雖然他對你碎碎念，但即使你不照他說的做，他也不能把你怎麼樣，只是一直碎碎念而已。真的能把你怎麼樣的是摩羯座。

　　摩羯座是一個「父權」的星座，有權力管你怎麼做，如果你做的事情不照他的想法或認同，他一定會想辦法矯正你要照他的方式來執行，控制欲非常強。金牛座只會訂好大原則，例如十一點以前必須回家，你在外面幹嘛我都不管，反正就是要十一點以前回來，不然這麼晚不在家能看嗎！摩羯座可能就會是「你在外面的行程幾點到幾點都要報備，每離開一個地方就要打電話報告。」基本宮像火，火是主動性的、有操控權；固定宮像土，只要在安穩的狀況裡面，不喜歡多管閒事。

　　摩羯座有控制欲，但其實只是要掌握你的行蹤而已，對你要做什麼事情並沒有興趣。但天蠍座就會不只掌握行蹤，還很想要跟，很想要干涉你能做或不能做。天蠍座的出發點是沒有

安全感，怕你去認識別的對象，或者做一些他不知道的事而控制不住你，所以天蠍座是真的想知道你在幹嘛，好知道以後怎麼對付你。摩羯座就會是為了展現權威，或是希望你要做的事情是符合摩羯的標準，我認同的事情你才可以做，但基本上你做的事情有什麼壞處，摩羯並沒有想管。

　　摩羯座是土元素，可以撐很久，壓在檯面下壓抑很久，但裡面的野心勃勃是不會消失的，最著名的例子就是李登輝，當副總統時非常乖巧，等到當上總統時基本宮就跑出來，但也必須是這種個性的人才能當上大企業的老闆，必須要撐得久，王永慶也是摩羯特質很重的人，要慢慢來，不要爭一時的面子。金牛座都不太講話，如果覺得不合金牛的意，他也不會說出來，就是一個字「閃」，不跟你來往，金牛只想保護自己不要受到影響。我自己的金牛特質很強，所以這方面也很懶。雖然牡羊特質是偏見很深，但在金牛特質影響之下，就會覺得「我為什麼要教會他，那是他父母應該擔心的事情，干我屁事。」

風象星座：
雙子、天秤、水瓶

　　風元素裡面，天秤座跟水瓶座都不像風元素。雙子座跟風元素根本是同義詞，雙子座是風元素變動宮，永遠不知道雙子座下一步要幹嘛，永遠摸不清楚下一個去向，可以自由切換不同模式，很容易脫離既有狀況，馬上轉換到下一個狀況，很多人會覺得雙子座聰明，但是雙子座的聰明比較像小聰明，如果問雙子「要死（鑰匙）掉了怎麼辦？」雙子座就會知道要死（鑰匙）掉了有好幾種可能，他會回答撿起來就好。

　　事實上水瓶座更聰明，雙子座是反應快，臨機應變適應能力好，而對大家有用的聰明是水瓶座，風象固定宮。水瓶座雖然邏輯怪怪的，但是他對自己的邏輯非常固執，嚴重程度不

下於金牛座跟摩羯座。水瓶座既固執又無聊，非常特別，但特別的也就是那個樣子，例如說一般人炒青菜都加鹽，但水瓶座可能炒青菜都加糖（這只是舉例）。雙子座炒青菜加糖可能是創意料理，嘗試一次，下一次加醋試試看，再下一次加米酒看看。而水瓶座炒青菜加糖的話，會一輩子炒青菜都加糖，就算被反映說很難吃或對健康不好，水瓶座也不管你，這就會很容易成為聰明的智者，因為既跳脫框架又能夠堅持自己，比較不像雙子座會是牆頭草。

哥白尼或伽利略那種標新立異的學者，發表「地球在動而不是太陽在動」，這個說法在當時很驚世駭俗，但他們面對教宗要砍頭，並不會說「沒有啦我亂講的啦」，而是堅持自己的研究成果就是這樣，最後被火燒死也不屈服。如果是雙子座就會出現「我的計算推理有出現一些錯誤，我再重算看看，說不定其實真的是太陽在動」這樣的搖擺。水瓶座如果認為是正義的，或是真理，就一定會堅持到底，但水瓶座討厭的地方在於不知道他在想什麼，甚至根本沒在想。水瓶座並不愛動大腦，即使自己知道跟別人格格不入，或是知道自己哪裡不對，但因為「固定宮」的關係，根本也改不過來。風元素會清楚知道自己是錯的，但還是改不過來。

剛認識水瓶座時，會覺得水瓶座跟正常人不太一樣，雖然

然女生都會覺得水瓶座男生好有趣，但我建議再多認識個一年看看，同樣笑話聽個十次就笑不出來了。水瓶座好笑有趣的地方一輩子都一樣。水瓶座會有一點中性的味道，守護星是 Uranus 天王星，就是被自己後代閹割的那位神祇。水瓶座女生會有點冷冷的，不太像女生。跟水瓶座男生交往的話，他過沒多久就會變成沙發馬鈴薯了，不喜歡改變他自己的生活作為、看法、原則、信仰（固定宮）。水瓶座其實蠻陽性的，水瓶座男生只是看事情的角度跟一般男生不一樣，但也不見得跟女生一樣。所以會覺得水瓶座有趣，是因為他跟你以前見過的一般男人或一般女人都不一樣，但過一段時間就會發現其實跟摩羯座、金牛座差不多的千篇一律。所以基本上把水瓶座當作銅像來看，但他們固執的也只有思維（風元素），這一點就比金牛座、摩羯座好。水瓶座沒什麼控制欲占有欲。

天秤座只有外表是人很好，人緣很好，守護星金星會把外表包裝好好的，長得也好看，但內外衝突強烈，所以過三十歲之後通常會變得不好相處，原則很多。風元素加上金星，所以外在跟誰都很好；但是內在是基本宮，批判性非常強，以火為主，內心是「我覺得怎麼樣就是怎麼樣」，但外表風象又不喜歡得罪人，所以誰講的話都會「嗯嗯，其實我也同意」，但過了三十歲之後就會覺得「我整天都配合別人，對自己到底有什

麼好處」，於是越來越露出真面目。所以天秤座通常過三十歲之後會比以前難相處。

　　天秤座平常人很好，是和平主義者，但是要辯論或打筆戰時一整個會停不下來。和平主義者又愛辯論的意思就是：其實他是有一些價值觀是要捍衛的，所以他會直接跟你爭辯，基本宮就是行動「我要來說服你」。處女座比較是想要把他做的事情修飾到好，所以講完以後，即使你不同意，處女座也無所謂，處女座只是要講贏你而已。天秤座卻是希望自己正確的觀念能夠深植你的腦海，把你錯誤的思想矯正回來，希望你棄暗投明。

水象星座：
巨蟹、天蠍、雙魚

　　水元素裡面，天蠍座最不像水元素。水元素的印象有情緒化、好相處、比較感情用事、柔和、被動、依附外力。水元素是無形有體，雖然有自己的本質存在，但不能夠決定自己的形狀，水元素是什麼形狀要靠容器決定，所以依附性質很強、沒有主見、誰都好、誰都不會拒絕的，所以只有雙魚座最像水元素，很隨便、怎樣都可以、什麼都好好好。巨蟹座跟天蠍座就一點都不像水象星座，這是因為固定宮（土）跟基本宮（火）的特質都跟水元素不像。

　　巨蟹座跟天蠍座都很有控制欲，不安全感都非常重，基本宮和固定宮都希望事情照他們所想像的發展，但是水元素其

實沒什麼執行能力跟控制能力，這會導致他們變得更不安，因為他們自己也知道這一點，所以就會打心理戰。因此天蠍座男人不會用規定綁住你，但會想要激起你的罪惡感，例如今天你跟朋友出去吃飯很高興，天蠍座男人可能就會說：「今天你不在，我什麼都懶得吃，現在肚子好餓喔。」他就是要你覺得愧疚。

天蠍座試圖想要影響你，是用水元素的方法去控制人。巨蟹座跟天蠍座方法很像，但巨蟹座會粗糙一點，畢竟基本宮會比固定宮還要直接，基本宮會一副很憂鬱的樣子，掛掉電話後或你回家後，他就馬上去睡了也不管你，你還要想辦法安慰他問他「你到底怎麼了」，可能還要問個三天，巨蟹座很彆扭。這是因為巨蟹座比天蠍座還不敢發脾氣，基本宮藏在裡面，讓他非常想要做什麼，但也知道對方可能不會聽從命令，於是自己就在那邊不上不下的，很像戰車牌「我又想講出來，但是如果妳不理我，那不是很難下台階嗎？可是不講又會不爽。」而天蠍座是知道妳不會聽他的，但是又想管妳，就試試看所有方法，看哪一種方法最能控制妳。所以巨蟹座跟天蠍座同質性很高，只是天蠍座的手法高明一點，會厲害一點。

巨蟹跟天蠍都是情緒勒索，都很偏執，不像水元素。水元素是感情，雙魚座是水象變動宮，開放性的感情，就是很隨

緣、我都可以。但這個水的感覺被基本宮掐住了，或是被固定宮固定住了，這就會不好應付，且天蠍座的殺傷力會比巨蟹座大。不過，我認為巨蟹座比較難對付，天蠍座如果控制不了你，就會使出殺手鐧跟你決一死戰大吵一架或直接處罰你，或者要不到他要的東西就會直接閃人，固定宮就比較好預測。但是基本宮是想做什麼事情，就「一定要做到為止」，又沒什麼耐性，所以巨蟹座不認同你做的事情時，就會打爛仗，又想要挽回你，卻又不配合你，然後兩個人就會歹戲拖棚地在一起，反覆上演一樣的戲碼，又吵架、再分開，事情永遠不會解決。巨蟹座改變不了你，但守護星月亮會沒辦法放棄，就會重複鬼擋牆。

　　天蠍座很可怕的是他拿刀追你，被砍到的話會受重傷，但是躲過了就會躲過。巨蟹座就是像蚊子嗡嗡嗡地一直纏，你死不了但會覺得很煩，所以雖然較不嚴重，但是比較難擺脫。

　　雙魚座是天真，不是正常人（水瓶是外星人），很夢幻有水的特質，非常隨和。雙魚座很好相處，但你也不見得會想要跟他相處。雙魚座可以接受的情人對象（或聊天對象）幾乎沒有什麼標準，可接受範圍很大很廣，但沒什麼主體思想，依附性很強，所以每次談戀愛都死去活來，且非常執著會撐很久，但真的被甩掉的話也不會傷心很久，馬上會找到下一個，彷彿

之前的那段戀情是假的一樣。

雙魚座是水象變動宮，適應力非常強，不會輸給雙子座。雖然看起來深情款款，但很容易轉換環境，或轉換想法。所以往壞的方面說，可以說不定性，還有自己都不知道自己在幹嘛；往好的方面講，是容易昇華與超脫，對一件事情的執著度不強。

雙魚座是水元素變動宮，會不太記得別人講過什麼話，水就是進到腦子裡面就化開了，變成模糊的一團。雙子座是風元素變動宮，風是主動的元素，所以會記得每個人講過什麼話，只是不太在意而已。一般我們人被欺壓時，可能被欺壓個兩三分就會反擊了，但雙魚座可能是忍受到十分才反擊，不過雙魚的反擊又會沒有事先擬好策略，之後惹下來的事情就會很麻煩。有個測驗表示殺人犯高機率居然是雙魚座，那些故事講下來都是備受欺壓到連正常人也會想要殺人的程度，但是一般人不會讓人家欺負到那種程度，而雙魚座就是人太好太寬容，就會忍耐下去試試看，到了不得不反擊的程度就會一口氣殺了對方。所以雙魚座的缺點就是搞不清楚狀況，好處則是不會排拒任何東西，靈性和包容性很強，吸收的範圍也最廣，所以最容易開悟得道把自己改頭換面。如果遇到好的上師就容易被影響，但若遇到壞的上師就很容易被汙染，所以水元素最強的人

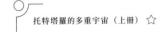
其實就是雙魚特質很強的人，不是大師就是精神病患。

　　托特牌的數字牌，跟三態宮的對應非常重要，所以本書用了一些篇幅，來闡述三態宮的內容，希望能有助於讀者接下來對托特數字牌的理解。

Chapter 4

大祕儀

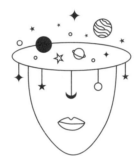

大牌跟顏色的對應會比較間接，
必須深入探究才能推測出隱藏的
含義，與元素顏色吻合度較高的，
當屬數字牌或宮廷牌。

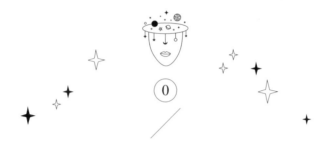

愚者
The Fool

數字	0
元素	風
行星	天王星

—————— 圖面元素 ——————

　　一般來講托特牌下方會有占星符號，代表星座或是行星，但是愚人牌沒有，只有一個代表風元素的三角形符號，這個三角形尖端朝上，中間有一條橫線。

　　愚人牌是風元素。一般來說，風元素代表多變、飄忽且難以掌握，但愚人牌是一張完整的牌，其自身就象徵著一場完整的旅程。愚人胯下三朵花代表了完整的生命歷程，從右到左分別是花的綻放、盛開與凋謝；左手持火把，右手握著寶石——

火把代表火元素，寶石代表土元素，左上方的鳥則象徵水元素，中間的赫密斯之杖代表水星，也就是風元素。（赫密斯是宙斯之子，也是希臘眾神的信使，他手中有一支雙蛇纏繞的魔杖，具有催眠作用）在此四大元素齊備。

愚人對應的脈輪位置是海底輪，海底輪的代表顏色是紅色，象徵強大的力量與欲望，整張牌卻都沒有出現紅色，但仔細一看，圖面中央的黃色太陽恰恰位於海底輪的位置，愚人的雙手雙腳、頭部和背景是用黃色呈現，一般來說，黃色代表世俗的智慧，同時也是下三輪中跟欲望最無關的色彩，只是享受其中，這一點和海底輪代表的生之欲望截然不同。

綠色是代表和諧的中間色，因為綠色是寒色（藍）跟暖色的綜合體。若以色彩學和四元素的關係來說，黃色及綠色都象徵風元素的特質：隨心所欲。愚人牌中黃綠兩色同時出現，卻獨獨不見紅色，意味著愚人沒有特定的目標或非去哪裡不可，但會依照自己的想法做想做的事情，滿足自己又不妨礙或影響別人，這點看在他人眼裡有時會顯得相當怪異，因此我把愚人牌定義為「非主流」，代表不受體制約束。

愚人牌右邊有一袋錢幣，錢幣上有許多行星符號，象徵各式各樣的資源。一般來說要在社會上打滾，就必須盡可能運用手上的資源，愚人卻把錢幣全放在袋子裡，看來他並不打算使

用這些資源，反而是靠自己的機運或獨到的方式來完成自己的目標。

———— 占星對應 ————

愚人對應的是天王星，天王星是一顆很詭異的行星。早期天文學家認為太陽系最外圍的行星是土星，當時太陽系只有五大行星（不含地球），後來發現了天王星的蹤跡，這對天文學產生極大的顛覆，因為那表示太陽系會比原有認定的範圍大上兩倍，許多舊有的天文學假設都會被推翻。

天王星被發現的過程也很曲折，剛出現時被認為是彗星，因為在重力的影響下，太陽系越外圍的行星軌道會越橢圓，而天王星的軌道跟以往認知的行星運行軌道不太一樣，地球的自轉軸傾斜 23.5 度，天王星的傾斜角度達 97.77 度，幾乎可以說是躺著轉的。天王星的運行軌道及自轉型態，都徹底顛覆了大家對太陽系的認知，將如此「驚世駭俗」的行星與特立獨行的愚人牌結合在一起，可說是非常適合。所以天王星代表革命、開創性和顛覆性的觀念，新事物出現取代舊事物，如同革命黨推翻前朝，「非主流」即將成為主流。

有些人會認為天王星是瘋子、不正常的人，但天才和瘋子往往只有一線之隔，因此天王星也代表天才、高科技業的領導

者或發明家，像哥白尼、伽利略及愛因斯坦都是水瓶座天王星的一員，他們做的都是一般人做不到也不會做的事情，甚至我們都還未必能夠想得到，因此當稱得上先驅之名。這麼說來，我們也可以將愚人視為一張「還沒有人可以了解」的怪人牌。

愚人非常驚世駭俗，加上有風元素加持，他們做的事情往往是前所未見並且前所未聞，所以天王星也代表著同性戀、不倫戀，或非主流所能接受的感情關係。天王星代表的工作可能是高科技領域，可以製造出令人眼睛為之一亮的產品，就像 iPhone 初次問世時所引起的讚嘆和驚奇。愚人可能會嚇到你，提出你完全無法想像的概念，但是在未來這一切很可能會變成主流。

─────── 牌意解析 ───────

★ 總體分析 ★

愚人的身體是綠色的，從色彩學來看，予人一種平和且善於交流的印象，即使顛覆常理也會留下空間給旁人，愚人的開放性很強，既不會強求認同，也不會想要控制他人。如果愚人用他的學說去推翻了這個世界，但你又用你的學說去推翻他，愚人反而會非常高興，覺得「太好了，有正確的東西出現了！」愚人認同的是真理，而不是他的自我，也可以說愚人基

本上沒什麼自我。

　　愚人的存在對正常人而言是一種顛覆，往往會讓我們嚇一跳，他們的奇思怪想總是令他人不得其解，有時候可能會讓人誤以為是學習上有障礙或是會故意挑毛病的人，就像愛因斯坦和愛迪生，他們都曾經被認定是學習遲緩、智能有障礙的孩子，但那只是他們理解事物的方式不一樣罷了。愚人有不同於常人的思考邏輯，必須用不一樣的方式教導。愚人牌出現時，可能顯示我們往往容易因為不理解而排斥，刻意貶低輕視，但那其實有可能是最有價值的。

★ 愛情分析 ★

　　愚者是讓大家都摸不著頭緒的人，如果愛情方面抽到它，代表你喜歡的人，是別人無法理解的類型，或者你或對方是同性戀或雙性戀，也或許是老少配，或門不當戶不對，總之是其他人會有話講的。或以社會標準來說，不能接受你們在一起。

　　但如果是指戀人的相處，有可能是對方就像愚者一樣，老是做些別人無法理解的事，我有一個學生，她在男友人格位置抽到愚者，她說他動不動就消失，也不會交代行蹤，某一天男友跟她說要回來了，她去機場或火車站接他，她本來以為是詐騙，但後來想想覺得不安，還是去機場接人了，沒想到她男友

鼻青臉腫的迎面走來，細問之下，是他突發奇想，想看書上說的天葬，所以就跑去中國當地，但其實天葬並不開放外人觀看。他遇到騙子，說當地人允許他帶看，他們就一行人去看了，結果被當地人發現，大家落荒而逃，他跑得最慢，所以被打到渾身傷。我覺得不只她男友是愚者人格，她可以接受這樣的男友，包容度也不是一般人，所以這個愚者應該也指她。（大笑）

★ 事業分析 ★

愚者是非主流的職業，非主流有好有壞，要看其它共同出現的牌來判斷。有可能是主流之下，像不事生產，只依靠家人的米蟲，也有可能是夢想很大，難以在一時半刻完成，所以現在先屈就於可以有收入的工作。但不好的話，很有可能是被不法集團利用，當車手（打電話詐騙也有可能，但必須有其它牌加強，因為若單是愚者，他們很會騙自己，但騙不太了其他人），也就是被利用的人。

因為是愚者，代表他們還沒搞清楚狀況，被瞞著做不法或不支薪的事，所以也有可能做了很多白工，錢都沒拿到，但愚者牌潛力是無窮的，現狀如此不代表一生都會如此，等愚者弄清某些規則，例如人情世故，他就可以爬到正常範圍內了，但

在現階段，愚者還是被用完即丟的人，需要遇到非常包容他的上司或金主，才能被外界認可。

★ 財運分析 ★

抽到愚人代表會將錢財全數投入新的嘗試與冒險，那是愚人認為值得投資的領域，因此不算是破財。愚者不太重視錢，所以他當然可能很有錢，但視之平常，亂把錢投入不熟悉的領域，或是花在其他沒信用的人身上，好處是他很看得開，對錢不是那麼重視。

其實我覺得愚者很適合當「教主」，會帶領大家去追求看似不可能實現的夢想。我覺得幾十年前的「黨外」，也就是民進黨的前身，就很像愚人的衝衝衝，不計代價，可能家破人亡卻還是堅持理想，而現在的民進黨，已經進入社會主流，也就少了理想性，他必須考慮民生跟外交，必須衡量一切，所以看來就沒那麼可愛了，別人也很有可能不再無條件支持，需要有成果，才能交換到大家的信任。

① /

賢者
The Magus

數字	1
元素	風
行星	水星

———— **圖面元素** ————

　　賢者的身體是金黃色，其眉心輪、喉輪對應的位置和背景則是深淺不一的藍色。深藍色代表穿透力、獨具慧眼，能夠看清一件事情的本質；淺藍色代表對於人及事物的詮釋能力；金黃色是世俗的智慧，知道如何在團體裡面生存，而不是當一個高高在上的神像。牌面上還有網狀的格子，這些線條如同經緯線，每一件事情都恰如其分地在既定的位置，條理清楚分明。賢者牌並非走靈性與光的路線，而是具備清晰的邏輯理論。

塔羅玩家櫻桃小肉圓收藏的三張賢者牌。

　　克勞利畫的三組牌的賢者周遭都漂浮著四大元素：權杖（火）、寶劍（風）、聖杯（水）與圓盤（土），旁邊還有代表托特神化身的狒狒。在動物界中，靈長類動物是最聰明且形象最接近人類的動物。桌上的四樣東西，代表賢者已經掌握火、風、水、土四大元素，但僅僅靠人的力量，沒有辦法變出所有東西，因此賢者必須借助天的力量。他的手指向天際就此形成「管道」，導引天的強大法力為己用，主動推動事情發展。水星的本質就是連結與交換，許多通靈人都不覺得自己很「神」，反而表示「我只是剛好被選中成為與神連結的管道，不過是工具而已。」但這個管道是很重要的存在。

　　托特牌的賢者比較像載體，而不是力量所在，他們傳承知

識，間接使事情發生變化。有些命理界的人會擔心自己改變或操縱了他人命運，但我認為賢者只是將自己所看到的事情說出來，占星學、靈學或五行並不是人類發明出來，而是早已存在，後來被人類發現使用。賢者代表的是使大家合作交流的觸媒，事件應運而生。這樣的特質若展現在個人身上，往往是聰明且優秀的詮釋者，他們沒有包袱、不會堅持己見，更不會執著於某一特定的知識。

　　赫密斯之杖上攀爬的蛇代表欲望、誘惑，同時又有繁殖與治療的意涵。伊甸園裡的禁果象徵知識與學問，對大眾而言，知識是非常重要的資產，蛇引誘夏娃吞下禁果，人類自此開始繁衍後代。因此我們可以將赫密斯之杖視為性欲和生存的本能（Kundalini），杖上的蛇是生命原動力，同時也代表俗世的聰明才智。

———— 占星對應 ————

　　水星是最靠近太陽的行星，表面反光重，不容易看清楚，能夠觀測到的時間也僅限於太陽上升前或是太陽下山後一兩個小時，加上水星的公轉速度快，從地球的角度看過去，就好像在各個行星之間跑來跑去，給人來無影去無蹤的感覺。因此最初天文學家便以羅馬神話中的信使墨丘利為這顆行星命名，對

應到希臘神話，也就是眾神的信使赫密斯。

正是這種變化莫測的特色，讓水星跟賢者結合在一起，水星掌管心智，包括分析與消化資訊的能力，於是賢者可以隨著環境展現出多種特質，且相當善於溝通，這種「溝通」能力不只表現在語言、口才方面，也會展現在書信往來、商業交易，水星代表的智慧，不是對生命有所體悟的大智慧，而是反應在生活世俗的一面，因此用代表世俗智慧的黃色來表現。水星連結雙子座，雙子座反應快、說話快而且心思敏捷，像一個廣播電台或資訊交換中心，會快速消化自己聽到的八卦和消息後再告訴大家。

──────── **牌意解析** ────────

★ 總體分析 ★

如果賢者出現在「建議」位置上，那麼可以向外發展，不要侷限自己的範圍，去探索各種可能性，不可心存定見。賢者1代表新的開始，你可以多方嘗試之後再找出最適合自己的方向。

水星的特質是偏向交流串連，如果在演藝圈裡，就會是主持人而非藝人，大多數的星座書也都認同雙子座適合的職業是主持人，因其妙語如珠、應對得體。抽到賢者牌代表可以讓事

情順應而生，或許會產生奇蹟般的改變，或者是外觀產生極大變化以致於認不出來，舉例來說，前人怎麼能想得到未來會有智慧型手機這種商品呢？

★ 愛情分析 ★

賢者變化多、風趣卻充滿不定性，無法予人安全感。所以我認為賢者牌對於感情來說，代表兩個人的溝通良好，但是未必會很長久，畢竟是風元素，未來會如何發展很難定論。如果賢者有心要欺騙對方的話，九成九都會得逞。賢者如果跟惡魔牌、寶劍7、聖杯7或水元素牌一起出現，就很有可能是個騙子；如果跟星星一起出現，表示他真的相信自己說出的所有承諾，只是沒有一件能做到，星星代表遙遠的未來，兩張都是風元素，他信誓旦旦的一切最終宛如空中閣樓。

如果賢者出現在感情的「問題」位置上，代表他可能背著你做了不少事情，還能掩飾得很好，表面上和你溝通良好卻沒有辦法更深入，以後也不太可能共同經歷大風大浪，若彼此都沒有想要結婚會是不錯的狀態。賢者的連結性很強，但連結的是心輪，沒有什麼愛欲（感情的連結會是在臍輪，為一對一、強烈的關係）。

★ 事業分析 ★

工作運勢的話，賢者牌的工作運很好。賢者在工作領域上可以代表傳播業或講師，例如記者將採訪到的東西整理之後，轉達給大眾知曉；講師同樣也是將資訊傳達給他人，我之所以說「講師」而非「老師」，是因為前者講授的主題通常比較活潑有變化，而老師所傳授的知識通常較專一固定，水星的本質是變換的，因此講師比老師更像賢者。

賢者在工作上也可能是企畫，負責連結資訊、聯絡廠商並安排一切庶務，反應力極快，也像政治家的幕僚或公關，擔起危機處理的責任。

★ 財運分析 ★

抽到賢者牌代表錢還沒有進入你的口袋，但是財源會慢慢打開。因為賢者雖然四大元素並存，但還是以風元素為主，所以他代表的只是一個概念，需要時間慢慢穩定成真，才能凝聚成實體，優秀的風元素牌是一個「好的開始」，大家都知道，任何偉大的發明，都需要發明人先有去「做」的念頭，才會有以下的一切，賢者非常聰明，所以表示他看得到別人忽略掉的缺口，想出填補的方法，也就解決了大家的問題。賢者也是發明家，但跟星星（水瓶座）的發明家不同，星星發明的只是他

的想法，但對別人不見得實用，也有可能是一般人還沒發現它的用處，是超越人類的，但賢者就是活生生的，大家眼前都期待出現的東西，所以賢者的聰明才智是大家都需要的，不管是才華或產品，都會有人搶著要，所以目前只是跡象，打開大門而已，但假以時日，利益一定滾滾而來，所以賢者不是財運，它代表的是財源。

女祭司
The Priestess

數字	2
元素	水
行星	月亮

──────── **圖面元素** ────────

　　女祭司的主體為白色，周圍是深藍色。各種顏色的光加在一起不會變成黑色，反而會成為最純淨的白光，這裡的白色象徵靈性，加上深藍色的背景和網格，表示女祭司豐富的內心世界。白色的光可以折射出宛如寶石般璀璨的七彩光芒，就如同女祭司隱藏在外表之下的內心世界，私密而豐富。不論外在的世界如何，女祭司自有一套生存法則，但旁人一般無法窺視到其中。牌面下方有各種顏色的農產品，都是由大地之母孕育出

來的，表示生產力及獨立的想法。

　　水晶及地面的產物，也代表潛意識終將化為意識，展現在人的眼前，就像所有的發明，最初都是指導靈送我們的一個念頭，經過努力之後，在世界上呈現出來。

　　水元素的「女祭司」像小龍女，不談戀愛、不苟言笑，但畢竟是水元素，怎麼可能沒有感情？所以女祭司的感情一直都在，只是比較平靜，也不外顯，女祭司如果喜歡你，會默默地關心你、協助你，不用任何回報，也不期待你知道。

　　女祭司對應月亮，頭上戴的王冠就是月亮的三種形態，這張牌的女性是伊西斯（Isis），埃及的第一代法老皇后，是魔法跟祭祀女神，也是最偉大的魔法師。我們都知道，潛意識的力量比表意識大多了，也是實際上操控一切的實際力量，在腦海深處的潛意識，才是萬物的根源，也是一切奇妙的開端，所以女性是天生的魔法師，男性是把這一切發揚光大的載體，月亮是一切的母體，也是所有意識開端的地方。

　　七重新月表示潛意識的包羅萬象，會一層一層地顯化，不過是顯化在人的內心，而非現實面。月亮的各種形態也代表世間萬物的變化多端。

───── 占星對應 ─────

　　月亮在占星學裡面，通常代表母親，也是陰性元素，但在塔羅牌中，一般都是將皇后視為母親，那麼為什麼女祭司牌對應的行星是月亮，而不是金星呢？其實女祭司對應的月亮，代表女性本能，而不是功能及角色。

　　女祭司內心細緻敏感，喜歡神祕學，樂於探討未解之謎，也有可能喜愛打扮保養。女祭司看待事物的角度是敏感細膩卻不輕易表現出來，一如月亮在占星學上，意味著不為人知的領域。

　　有些人會說和另一半共同生活了一、二十年，常常還是猜不出對方在想什麼，被認為心思難測的那一方往往是女性。普遍而言，陰性能量較強的人較能夠從細微的地方知道旁人的想法，見微知著是女祭司的特質，藉由觀察各種行為，設身處地去感受另一個人，如果知道對方心情不佳，就會溫和地避開不去撞在槍口上。女祭司善於觀察各種事情和行為，但是如果太過鑽研就會變成多疑。

　　女祭司還有另一個特點，就是不輕易與人深談，也不會像皇后那樣客客氣氣地說著好話，因為女祭司會擔憂關係不深，沒有安全感，如果說了心裡話可能遭到拒絕，那麼不如不說，一旦將你視為「認可之人」，就會沒有顧忌，掏心掏肺地說。

─────── **牌意解析** ───────

★ 總體分析 ★

女祭司如果對一件事有興趣，她會先觀察，再研究種種的證據，直到證據能支持他的想法，但他只研究自己想知道的部分，可能只能變專才，女祭司比較不是通才，通才是賢者。所以女祭司自認為在研究，別人卻可能覺得他是「鑽牛角尖」。

女祭司適合獨處，不喜歡被人干擾，也不擅於跟別人合作，因為畢竟是敏感的水元素，很容易被干擾，也很容易被攪亂心思，所以還是躲在自己的世界會比較好。如果跟別人合作，有成就或過錯，需要兩人共同承擔，女祭司很不喜歡劃分界線，所以往往全都自己扛下了，這樣外界也不容易給她公平的評價。

★ 愛情分析 ★

女祭司談戀愛的態度是小心翼翼的，追求者必須守株待兔慢慢接近，表現出「我知道你的意思，我也有過這種感受」的態度，否則很可能一不小心就將對方嚇跑了。如果是單戀的感情狀態，「未來」抽到女祭司，不論是女祭司是男性還是女性，都會有兩種可能：一是若成為朋友，這條追求之路會比較順利；二為不太熟識或是新認識的對象，你會因為不知道如何

表達而處於毫無進展的狀況。

　　如果是問桃花運抽到女祭司牌，那麼桃花肯定很少；感情現況方面，如果你們已經在一起了，代表彼此心有靈犀，默契良好；如果是曖昧狀態，必須看搭配的牌來解，畢竟女祭司象徵獨立，兩人最終能不能走到一起並不是那麼絕對。

★ 事業分析 ★

　　女祭司牌的特質是專業，但是解牌陣的時候必須先問清楚工作的性質。如果是需要專業能力的職業，抽到女祭司牌表示可以得到很高的肯定；但如果抽牌者本身不具備那樣的專業度也不需要擔心，因為女祭司表示抽牌者會認真投入學習且成效良好。女祭司有時候比較缺乏娛樂性，會將休閒玩樂的機會用於鑽研眼前的事物，雖然要花費比較多時間心力，但運勢佳，最終還是可以獲得相應的能力。

　　在工作上，女祭司適合從事與神祕學及心理學相關的工作，例如心理諮商。他們敏感且善於掩飾自己，能夠保持客觀中立、感知旁人內心的情緒或那些沒有說出口的真實想法。女祭司也適合獨立自主的工作，例如研究員、程式工程師，不太需要與人交流，又可以在自己喜歡、感到自在的空間做事情。醫師、代書、律師這一類雖然需要適時與人交際，但以獨立作

業為主的工作，也蠻適合女祭司。

★ 財運分析 ★

女祭司代表財源不多但是夠用。女祭司（水元素）對錢財方面沒什麼概念，要求也不多，大多將錢花在自己喜歡、覺得高興的事情上面，且不一定會讓別人知道，例如學攀岩、學潛水這類新技能的學費。

女祭司牌因為才華高超，但不喜歡拿技術去換錢，也不喜歡權威，反而你用弱勢的身分求她幫助，她可能會比較願意，這樣往往變成「吃不飽也餓不死」，也就是做學問的人常常會落得「兩袖清風」的下場。但女祭司不是那麼在意，很像評論朱天文的文章說：「我真心喜歡朱家人的生活，和他們對待生活的態度。在這個人心浮動、急功近利的時代，他們對物質生活沒有過多欲求，把日子活得簡單、綿長、溫馨，而他們身邊明明其實有著許多成名牟利的機會。」朱家一家子都是女祭司的性格，女祭司其實也有自己的堅持，而且非常固執，像朱天文就是因為沒有什麼物質需求，所以不寫不想寫的東西，就可以不用求任何人。

皇后
The Empress

數字	3
元素	風、土
行星	金星

——— 圖面元素 ———

2號女祭司（水元素）和3號皇后（風與土，但是以風元素為主）這兩張牌，其實就是社會上對女性的兩種看法。

一般書上都將皇后詮釋成溫柔可人，但其實皇后是風＋土元素，不熱情也不會配合別人。皇后牌的顏色以心輪的粉紅色及綠色為主，代表願意與人接觸，包括言語、肢體的溝通及關心，會主動提供協助。脈輪學上，心輪屬於風元素，因此我認為皇后牌是以風元素為主，但又不像風元素那麼無欲無求，皇

后牌還是會追求感官享受，故而加上了土元素。

皇后牌的牌面上有一個滿月及兩個弦月，皇后周身被淺藍色包圍，代表其開放性有限，她的防衛機制有一層兩層三層，第一層永遠對外敞開，但是無論如何叩門，下一層可能都不會打開，想直達皇后內心世界的可能性幾近於零。相較於女祭司看似堅固的保護殼，只要突破關卡就能直達她的內心，皇后雖然容易親近，卻難以深交。

粉紅色及綠色讓皇后牌不具侵略性，展現出接納與包容、好相處、有禮謙讓又體貼的形象，這也可以詮釋成女性對外展現的特質。

女祭司代表的是女性的本質與陰性力量；皇后牌代表的則是女性的社會功能、角色與形象。女祭司代表的是陰性神秘的那一面，皇后代表的是俗世的女性魅力，這張牌的顏色跟牌圖的一切，都展現一個女人肉體的美好。如果就我來分辨，女祭司是原始的生殖本能，皇后是教育跟養育孩子，教給孩子世俗的技巧跟務實的一面。所以「懷孕」這件事，是世俗的事，所以應該由皇后來代表而非與女祭司有關。

皇后身邊的盾牌跟皇帝的盾牌是一對，都是雙鷹圖案，代表這個皇后是男性眼中的理想女性。除了有陰柔的女性特質，還有土元素的堅忍跟生育力，天鵝象徵男性的能量，所以皇后

這張牌不是純粹女性的牌，她的元素也是風（陽中之陰）＋土（陰中之陽）。

─────── 占星對應 ───────

皇后的守護星是金星，是受人崇拜的愛神維納斯，她愛好和平，將自己打扮得漂漂亮亮，與所有人的關係都相當和諧。不過維納斯受人崇拜的原因，主因是其美貌與溫柔，而不是她的才智或手段，因此皇后牌有時候會流於表面，但這並不是貶義，畢竟在社會上，需要形形色色的人，過與不及都不好，假如一個人初次見面便拉著你的手與你東家長、西家短，有的人覺得很親切，有的人覺得很困擾，每個人的接受程度都不同，不過只要不是太孤僻的人，通常會覺得皇后很好相處。

皇后有兩個元素，是因為金星主管天秤座和金牛座。天秤是風元素，跟人的溝通很成功，金牛是氣質溫婉，不會讓人有威脅感。一風一土，金星就變成風土雙元素的行星。皇后的金星和水星不一樣的地方在於，水星雖然可以迅速融入環境，與人建立良好的溝通，但是金星還能在這個基礎上配合、照顧大家的感受，因而大受歡迎。

皇后牌是世俗化的代表性人物，據說是帥哥美女，但我覺得每個人的審美觀都不一樣，不過皇后是至少她會看場合打

扮，不失體統、很得體，又很整潔，應該是大部分人都可以接受的外型，不會太驚世駭俗，卻跟得上流行。金星非常的有大眾緣，就是八成的異性看了都覺得可以接受的那種，有些人會覺得金星太沒有特色，不過太有特色的人，他人的喜惡就很分明，而皇后則是大眾都會喜歡的類型。

─────── **牌意解析** ───────

★ 總體分析 ★

皇后的專長是「人和」，我覺得代表人物是林志玲，親切有禮，從來不失言，不論面對任何狀況都可以得體的回應，缺點就是沒有太強烈的個人風格，但在特色人物當道的演藝圈，很少看到不管面對誰都讓人覺得很有家教的人存在了，所以比較少看到瘋狂喜歡她的人，但幾乎沒聽到對她有什麼負面評價，畢竟有家教的人，目的也不在於吸引別人的目光，他們只是做好自己該做的事，順便跟人交交朋友，這樣自己要做事時，也比較沒有阻力。

很多女生都會覺得自己擁有兩種特質：女祭司通常比較接近真正的自我，沉靜在自己的世界裡，含蓄、具有神祕感，不太表達意見；皇后是交際手腕高明的代表，能言善道，有點類似賢者。性格溫柔、會主動關懷他人，就是社會對女性的既定

印象與期待。圖面下方的鳥類圖騰代表水元素，這顯示皇后的本質還是陰性的，但風、土兩種元素皆非純陰性，風是陽中之陰，土是陰中之陽，因此皇后綜合陰陽協調特質，比較好相處，不會陰陽怪氣（女祭司就容易讓人有這種感覺）。

相比女祭司跟皇后，女祭司是比較任性的，但就是對自己想做的事很執著，如果是摔東西、跺腳那種任性，就在皇后身上比較看得出來了，因為皇后代表的就是「社會主流型的女性」，小脾氣也是女性吸引人的地方之一，讓男人有可以寵愛的地方。

★ 愛情分析 ★

皇后有一點類似角色扮演，男生也有可能抽到皇后牌，日本的男性就有皇后牌的性質，懂得修飾人際關係與外表，對他們來說那是社會禮儀，沒有什麼目的性。因此不論男生或女生，皇后類型的人都相當吸引人，廣為大眾所接受，當然異性緣也相當不錯，畢竟人緣好，有一半就是異性緣。皇后也可以視為每個人對外的面具，如果你沒有皇后這一面的話，很可能是邊緣人或無法適應社會的人。

感情運方面，如果抽牌問的是「感情運有沒有桃花？」皇后是一張極好的牌，桃花多、人緣好，異性緣更好；若問的是

「這段感情會不會順利？」就必須看搭配的牌來解了。桃花運好，代表戀愛機會多，但也正是因為圍繞在身邊的人太多了，真正好的對象可能被擋在外圍，因此運勢不一定好。

★ 事業分析 ★

皇后非常適合擔任公關、祕書這一類需要妥善處理人際關係與交際交流的職業，或是能夠巧妙捕捉他人心思轉化為具體美感視覺的工作，例如化妝師、服裝設計、室內設計這一類產業。粉領族大多也是皇后牌的代表職業，他們深諳社會的潛規則，溫和圓滑。論起主管這個職位，善於領導每一個人的皇后會比女祭司更適合。女祭司工作能力強，但如果是主管，重點不是工作能力，而是裁決能力，皇后知道什麼樣的人，可以放在什麼位置上，什麼樣的任務交給什麼樣的人，才能產生最好的效果，這些需要對人性的了解，而不是可以記住多少專業知識。

★ 財運分析 ★

皇后雖然不缺錢，但也未必存得了錢。皇后和女祭司一樣都會將錢投資在自己喜歡的事物上，但是皇后會把錢花在大家看得到的地方，如化妝品、包包、衣飾等，這一點和女祭司截

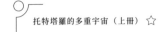

然不同。

　　皇后是一塊做生意的料，因為她很知道誰可以得罪（像男朋友），誰不可以得罪（像廠商），因為家教好，所以皇后知道在什麼人面前，必須展露哪一面，她不會失言、不會在不該生氣的時候生氣，也很知道對方想表達的事什麼，她善於讓人感到安心跟舒適，所以能力跟她一樣好的人很多，但你就是寧可選擇跟她相處，跟她共事。

皇帝
The Emperor

數字	4
元素	火
行星	火星

─────── **圖面元素** ───────

　　皇帝牌的顏色絕對是讓人印象深刻、難以忘懷的，入目所及除了隱隱約約的紅色之外，大部分是滿版橘黃色調，有著想領導眾人的意味，黃色部分代表喜歡彰顯自己，性格可說是相當鮮明。在輪脈的系統中，下三輪的海底輪、臍輪、胃輪（太陽叢神經輪）的顏色分別是紅橘黃三色，橘色發展到極致的代表性格就是購物狂、耽溺於感官享受。下三輪代表的是行動力，橘色大爆發的皇帝牌相當衝動、依靠直覺行事，不喜歡精

密地分析思考，有時候會顯得獨裁又蠻橫無禮，例如對於金錢的使用，皇帝會投資有前景的產業，但更喜歡將鈔票灑出去以彰顯自己的權勢地位，皇后會買玫瑰花盆栽犒賞自己，把自己裝扮得優雅大方，皇帝則會買 999 朵超大花束，欣賞大家瞠目結舌的模樣，他喜歡讓大家驚豔。

皇帝對應的牡羊座就在他的身後，有兩隻，一隻比較暗，另一隻是明亮的，表示他兩面都要掌管，他的權杖也是牡羊頭，代表氣勢如虹，他的手上有一個地球，象徵他掌握全世界，所有事情都在他統治之下，身下放著跟皇后相對應的雙鷹盾牌，但皇帝的鷹是紅色的，象徵著長久的存有，也象徵太陽，皇后的盾牌上的鷹是白色的，象徵著月亮。這個對應的盾牌，也代表皇帝跟皇后之間緊密又相依的關係。

如果要以權力跟物質來講，皇帝比較傾向擁有權力，但既然有了權力，物質也不會缺乏，只是這不是皇帝心中的重點，他喜歡統治大家的意志，也統治大家的所有物，但他只能統治到表面的意識，私底下大家就想什麼，不是他能推斷的，皇帝意志力堅強，但不夠精細，不能知道別人心裡的想法，他很直觀，看到什麼就是什麼，不會多作聯想，也因此他很誠實，其實是不擅於說謊，他心裡在想什麼都會不知不覺表現在臉上，所以他不擅於耍詐，都是用氣勢壓制別人。

皇帝兩邊有兩個圓盤，各有十六角星，經查是結晶的太陽，代表著父權。皇帝的序號是 4，象徵穩定而長久的秩序，所以才能把資源組織起來，成為帝國。

────────── **占星對應** ──────────

皇帝對應的是牡羊座，牡羊座是火象基本宮。雖然大部分的理論都主張皇帝是英雄牌，但我認為皇帝更像是梟雄，在太平盛世裡，皇帝可能就是帶頭作亂的那個人；若為亂世，他則身先士卒，成為據守一方的大將。衝動行事的例子往往沒有好結果，但是皇帝牌卻是成功的，他擁有準確的直覺與強大的行動力，即使遇到問題大多也能反敗為勝。

在這邊以我的母親為例，她的太陽月亮都是牡羊座，火星特質相當強烈。原本與朋友說好要合夥做茶葉生意，萬事具備了，朋友卻突然決定結婚並搬去美國，母親為此前往南部的山上跟著茶農「學喝茶」，一個月後才學成下山，獨自繼續，並沒有因為朋友臨時抽手而退縮，反而迎向前去解決問題。牡羊座的性格相當乾脆，說一不二，不會左思右想、裹足不前。不限於經驗法則的牡羊，時常有出人意表的成功，但也有可能因為沒有記取教訓而重蹈覆轍。

皇帝牌的身後都有牡羊，牡羊就是公羊，有好鬥的本能，

尤其生存或繁殖欲望被激起時，常常跟同類殊死戰，牡羊跟皇帝不同的地方在於，牡羊在星座中序號是 1 號，象徵打頭陣，是前鋒，靠的是蠻力，但在塔羅牌中，皇帝是 4 號，象徵有秩序跟組織力，靠的是規則。就是這兩者的差異，牡羊從砲灰或只是帶頭的人，演變成統治者（笑）。

———————— **牌意解析**————————

★ 總體分析 ★

不管追求的是什麼，這張牌都可以先聲奪人，展現出必勝的姿態，如果對方不是強者，馬上就投降了，不用花費一兵一卒，如果是皇帝，這張牌就是開國的皇帝，經歷戰爭而得到天下，經由繼承而來的王位，比較像教皇，因為什麼資源都是現成的，皇帝則要靠自己爭取，才能得到一切資源。

4 號的皇帝是帶領者，他的軍隊中，每個人都是他的化身，非常驍勇善戰，我個人覺得皇帝很像成吉思汗，他的目標不是享受現有的成果，而是征戰，搶下一切可以得到的，累積更多的資源。所以這張牌有能力得到一切想要的，他會使盡所有法寶，用盡所有方式，想要的就一定要得到。

★ 愛情分析 ★

皇帝性格強勢、大男人主義，掌控欲強，一旦認定了什麼人或什麼事，會相當熱情且執著，可是熱情退卻後又會立刻消失得無影無蹤。吃這套的人會覺得他們熱情大方，而受不了的人可能就會覺得他們幼稚、衝動無腦。皇帝牌的男生容易一見鍾情，看對眼就立刻展開行動，驚人的是，熱情可以維持很久，這一點跟牡羊座不同。

皇帝牌的感情運很棒，因為火元素代表前進、突破及新的開始，可以代表熱戀，但這張牌在感情與工作上的主導性強，比較像是其中一方主動、另一方配合，因此也可以說是有強烈的追求者。因為這樣，所以一段感情要怎麼發展，都是靠他的意念決定，要開始或結束都是看他的意志，所以看來被追求的人佔上風，其實不是，追求者才是促成一切的人。

★ 事業分析 ★

皇帝牌衝勁十足，適合從事高張力或是高競爭性的工作，例如業務、創業家；也適合當冒險家、運動員，尤其是強調個人能力的項目，例如田徑選手；但也有可能是需要付出大量勞力的工作。皇帝不太適合當需要權謀的策畫型人物，雖然他也有策略，但本質是執行者，他主掌的是大方向，不是小細節。

皇帝牌的女生則強勢、任性，或代表能力很強，在工作領域表現非常出色，是可獨當一面的女強人。

如果抽到皇帝的人是一般上班族，可能會極力表現自己，如果你不快點肯定他，例如加薪或升職，他可能會垂頭喪氣，另謀高就了，所以當業務最適合皇帝牌，因為獲取多少，都看他的努力，不會有被虧待的問題。

★ 財運分析 ★

這張牌很會賺錢，但卻不容易守成，因為他有太多需要花錢的時候，他愛面子，需要組織自己的王國，也需要擴展人脈，樣樣都要用到錢，所以他需要有人幫他守財，不然皇帝自己不適合存錢，只適合想辦法賺更多錢。

他渾身是勁，關太久會悶壞，需要放電，所以要他存錢，反而讓他覺得被壓抑，不如讓他自由自在地發揮，反而忙著賺錢，就沒時間花錢買一些不必要的東西了。

教皇
The Hierophant

數字	5
元素	土
行星	金牛座

────── **圖面元素** ──────

　　教皇肩負教化及保護人民的責任，而每個文明都有這樣一個角色，例如中華文化裡的黃帝，以及埃及的尼羅河神歐西里斯。他們建立制度，並教導人民如何對抗自然界的災害並與之共生。

　　牌面黑色的部分是土元素，代表實質掌握的資源非常豐富，有的學派認為皇帝掌握大部分財富，教皇則心靈上雖然富足，阮囊卻相當羞澀，而我對教皇的定義與此相反。皇帝的錢

財，來得快去得更快；教皇牌以黑色及橘黃色調為主，橘色及黃色是享受的顏色，教皇牌上的咖啡色與黑色可以凝聚這股力量，進而守住財富，雖然沒有皇帝賺得快，但比較能存得住。因此我認為教皇不僅富有，而且掌握了多數資源。以政府與教廷的關係為例，政府掌權，有行政的權力，但真正與人民同甘共苦、握有經濟脈動的是教廷；皇帝固然擁有權力及頭銜，可一旦失勢，就不再能享用這些資源；反觀教廷，始終把持著一國的命脈基礎，是處於主動而非被動的位置。

教皇也代表宗教組織，因為宗教的個人成長在女祭司身上可以看到，那是個人內心的轉化，但如果還不了解教義，就要有一些世俗的作法，如念經、持禱，慢慢把你帶入宗教的境界。教皇代表「文化」，就是生活中歷代會留下的痕跡，也就是人類存在過的證明。

教皇牌正中間的五角星代表物質，跟土元素同義。下方是埃及女神伊西斯（Isis），既是歐西里斯（Osiris）的配偶，也是女祭司；中間的小孩是教皇的子嗣，也代表伊西斯及歐西里斯的兒子荷魯斯（Horus），這裡表現出家庭組織的完整性，也是整張牌的核心價值。教皇背後的金牛代表農產、畜牧業資源；四個角落的動物代表四大元素，同時出現象徵難以撼動的整體性。比較特別的是左上角的鳥類，在托特牌的系統中是水

元素，但在印第安人塔羅裡則是風元素；右上角的人臉在托特牌是風元素，代表思考。

———— 占星對應 ————

　　教皇對應的行星是金牛座，會展現出優異的組織能力，這一類角色放在現今就像是 CEO。皇帝是創業家，負責開疆闢土；教皇則負責組織社會架構，是約束，同時也是一種保護機制。金牛座是土元素加上固定宮，代表很注重感官享受，所以他很有錢，但教皇重視的不是錢本身，是錢可以帶來的生活品質，只是土象＋固定宮，比較在乎生存能力，古人說衣食足而後知榮辱，倉廩實而知禮節，生存無虞，才會開始注重美感跟其它附加的感受。

　　從宗教的角度來看，教皇代表的是組織團體，而非單一修行人。金牛座非常重視制度裡應當執行的事務，換言之，教皇會重視外在觀感及利益，因此適合擔任牧師、住持，他能夠帶領大家踏上輝煌之路，可能是名聲或是修院寺廟的規模等等。相較而言，女教皇比較像修行人，重視自我內心的成長與領悟，或許不屬於任何宗教組織，也不會讓宗教的規則限制自己。

—————— **牌意解析**——————

★ 總體分析 ★

　　在古老的年代，文化就是心靈，但在現今的年代，心靈已經是虛無飄渺的代名詞，不像教皇那麼有血有肉，教皇非常重視實體的東西，因為實體的東西，包括錢、食物，才能滋養大家的身體，身體滿足了之後，才能追求更高的境界，所以教皇也是貴人，教皇跟皇帝不一樣的地方在於，皇帝是自己征戰，我們跟隨他就好，教皇是在後方協助你，你必須先知道自己要什麼，教皇才能在後方準備糧草物資。教皇不是主動性，主動的必須是我們自己，他在後方支持你，這也是為什麼教皇是被動的土元素的關係。

★ 愛情分析 ★

　　教皇非常守禮節，也不會跨出社會對他的期望，我們都知道，跟著社會的規定走，會有很多利益，像報稅啦，遺產啦，各種權利義務，你還可以有一個對你負責的人，當然同時你也要對他負責，所以教皇的愛情，不是在個人的小情小愛，他是要組成社會，所以有很多義務要完成，所以教皇在考慮愛情時，必須知道對方的職業能不能長久負擔家庭的責任，生不生小孩、有沒有退休金，因為婚姻不是愛情為主，婚姻是權利跟

義務為主，因為愛情結婚，也不過是近百年之內的習慣，但如果要婚姻維持，除了愛情之外，還需要太多的東西。

　　所以問感情時抽到教皇，要思考的點是眼前的對象能不能滿足你對未來的想望、他能不能跟你的步伐協調，你們能不能互相包容，如果教皇出現在他的人格位置，代表對方是適合當配偶的人，如果這也是你想要的，那就非常適合你。

★ 事業分析 ★

　　教皇代表的行業很多元，但都不涉及美感，而是與「結構」或教習相關，例如建築師、程式設計、機械設計等，必須講求精準的工整度比例；教皇也可能是學校的老師，授人聽說讀寫的能力，傳播基礎知識，並且教導學生社會的架構規範。與產業源頭相關的職業也頗適合教皇，例如金融業、農林畜牧業、不動產業（土象固定宮）、煤礦業（取之於自然資源），或是國家公務人員、神職人員這類與文化相關的行業。

　　如果是抽牌問工作運，教皇代表穩定；如果想要換工作，建議你可以緩一緩，再多看看，等待更適合的時機；如果問的問題是「會不會得到這份工作？」皇帝和教皇牌的意思相似，都代表很有機會，教皇可能最初表現平平，但是路遙知馬力，越久越能有所不同；若問的是升遷機會，皇帝牌代表的是升

官，教皇則是加薪。

　　如果你是公務員，教皇牌最適合在組織中慢慢爬升了，教皇不會找事，但他負得起責任，丟到眼前的任務也都有辦法解決，唯一不好的地方，是沒有什麼冒險性，所以不會有意外收穫，他就是把該辦的事項做好，而且會比別人原來預期得好，就某些產業而言，這樣的人就已經很難找了。

★ 財運分析 ★

　　教皇是土元素，當然不愁吃穿，但如果想要自己追求夢想，除非你的夢想就是吃好穿好，如果太精神性的夢想，教皇可能沒有辦法滿足你。但教皇能滿足你的，就是所有務實的東西，也許到最後，你才會了解這些才是最真實的。

戀人
The Lovers

數字	6
元素	風
行星	雙子座

──────── **圖面元素** ────────

戀人牌上，可以看到許多相對性：兩個大人，一個黑髮金冠，另一個金髮黑冠；兩個小孩，一黑一白。白色小孩手持聖杯、花朵，代表陰性元素、水元素及土元素；黑色小孩則拿著棍棒、長槍，代表陽性元素與風元素。這些元素交集但不交流，水元素匯聚可以融為一體，但風元素相遇，交換資訊之後，你依然是你，我仍舊是我，是立場鮮明的兩邊。

戀人牌的四個角落，上方有一男一女兩位神祇，分別是戰

神馬爾斯及愛神維納斯；下方的兩隻動物，橘紅色的獅子是陽中之陽，代表火元素，右邊白色的鳥是陰中之陰，代表水元素，也都是兩兩相對，彼此吸引。戀人牌表現出來的，正是對陌生人事物的新鮮感、對未知的好奇心，對方的特點恰恰是自身所缺乏的，故而擁有強大吸引力。因此我並不認同別人將戀人牌解讀為濃情蜜意，我認為戀人牌的重點在於吸引力，且只有在雙方各占一邊、還有一點距離的時候，才會觸發這種吸引力。如果兩人已經處於穩定關係，不論是情侶或夫妻，吸引力終究會逐漸被安全感所取代。

由於是風元素、又對應到風象變動宮的雙子座，因此牌面的顏色比較沒有一致性，每一種顏色都有其意涵。戀人牌的顏色以橘色為主，還有黃、紫、紅、黑、白各色，橘色代表建立建立關係；黃色則是社會化。上方的隱者是粉紫色，代表一個對未來的夢想把他們結合在一起，但夢想只是夢想，要真正能更融合，這段關係才能持續下去，隱者可以穿透一切的雙眼被蓋住，代表目前的戀人只看到想看的東西，也就是看到彼此互補不足之處，但更大的範圍，要等真正相處後，才會一點一滴熟悉，是好或不好沒有一定，有可能是意外之喜，也有可能是你沒想到的缺點，這些都像戀人牌的風元素一樣，要讓他往哪個方向發展，都是要取決於你想看到哪一面。

───── 占星對應 ─────

占星學上，雙子座雖然是花心星座的代表，但是我認為雙子座是「萬花叢中過，片葉不沾身」，表面上跟大家都很要好，但其實誰也不喜歡，看似多情最無情。

為什麼他會被這麼多人吸引呢？因為雙子座很喜歡有趣的東西，世界上他不了解的東西，當然多過他了解的東西，所以想吸引戀人牌，你很有機會跟他共處一段時間，但有沒有辦法留住他，要看天時地利人和。把戀人牌的對象當成一道考題比較好，你解開了，就又過了一關。在愛情上，你的經驗值會更有利。

戀人跟雙子座一樣，對我來說，它只是物理變化，一旦分開，兩人會回到原來的狀態，如果要化學變化，也就是兩人分開後，永遠地被改變，再也回不到原來的自己，那需要對應射手座的藝術牌。在占星學上，雙子跟射手是對宮，相似的地方是兩個星座都是變動宮，也都是陽性元素，但火跟風的相異點，就是火元素非常投入，所以會產生化學變化，風元素只是表面改動，所以只是物理變化，改表不了兩個人的本質。

在年輕時的戀愛，我覺得戀人牌滿好的，留給自己成長的空間，卻又不被定型，在機會還很多時，太早把自己的未來定型，本來就是捨棄了其它可能性，不是太聰明，要嘗試各種狀

況，你才會知道自己真正要的是什麼。

──────── **牌意解析**────────

★ 總體分析 ★

有一些學派在解某些類型的牌時，只要「建議」出現壞牌，就會告訴抽牌者「不要那樣做」，但我認為只有在「問題」位置出現的時候，才可以比較武斷地這樣說。例如投資相關的問題，「建議」是戀人的話，代表可以多方交流嘗試，秉持風險分散的原則；當「問題」是戀人牌時，則表示投資太過分散，應該重新規劃。

戀人牌的整體運勢，只要追求的不是長期的東西，想要看到當下的狀況，戀人牌就是會往好處發展，但這個好處不會持續很久，但也不見得會變壞，要看你怎麼去執行，戀人牌的強烈風元素，就是事情變化很快，換一個角度想，也代表完全掌握在你手中，你的心念一動，事情就跟著變化，基本上它是好牌，不管處於什麼樣的狀況，都可以扭轉現況，因為戀人牌變化性很強，所以永遠可以往好的方向重新出發。

★ 愛情分析 ★

抽牌問感情時，戀人牌代表不錯的緣分，但可能不是正

緣。戀人牌代表的感情，是剛剛萌芽卻未達曖昧期的朦朧好感，對方渾身上下都充滿陌生的吸引力，但是變數極大。個性不同的朋友也可以是戀人牌，只要是互補的特質，不只侷限於戀人。

如果是戀人牌的感情，很適合從兩個人可以互相支持、開始當朋友，然後慢慢走，再確定是不是適合交往，戀人牌是風元素，如果衝太快，熱情很容易消滅，如果不要太快交往，就算當不成戀人，也有可能發展出其他交情，如果把關係說死了，就兩個人都沒有退路了。

感情方面抽到戀人牌，當然很可能變成情侶，但我覺得嚴格來說，是兩個人都對對方很有好感，如果是年輕人，我會建議可以交往看看，但如果是適婚年齡，就要再觀察一陣子。

★ 事業分析 ★

戀人牌代表所有有趣的產業，或是任何雅俗共賞的藝術，例如媒體、公關、電動、娛樂業或文創產業，傳統上的藝術則屬於藝術牌的領域。戀人牌的特質較不穩定，縱使有你嚮往的因素，卻未必能從中得到實質好處。我以前解過一個牌陣，抽牌者問「接下來要找什麼樣的工作？」抽到戀人牌，他很想要去嘗試非本科系、未曾接觸過卻一直很有興趣的產業，但

是戀人牌的吸引是因「不了解」而產生的吸引力，很有可能進入該領域之後，才發現與想像中完全不一樣。我還解過一組牌，抽牌者問「工作適不適合」，出現聖杯 2（小戀人牌）及戀人牌，兩張牌都是風跟水元素，表示抽牌者也沒有想要好好努力。我問她：「妳想進演藝圈？」她回問：「妳怎麼知道？」我說：「妳覺得看起來光鮮亮麗，而且覺得應該不用太早起床？」她更驚訝：「牌連這個都說了？」其實我是看到風跟水，兩者又都是引人好感的牌，可是風加水就是虛無飄渺。

★ 財運分析 ★

戀人牌來看，偏財很多，但正財不佳，所以也適合有很多收入來源，可以做一件事煩了，就轉換心情做其他事，抽到戀人牌的人，往往工作表現不錯，但很容易倦怠，雖然沒什麼事發生，但他們就是想換工作，最好做一些本身性質就不斷轉變的工作，像廣告業，行銷業，活動企劃，可以就算是同一份工作，也會時時有需要重新學習的內容。

如果投資的話，以快進快出為主，拖久了容易被忘記，就來不及兌現。如果是工作，很適合自由業，就是 case by case，這樣會很有成就感，也不會覺得自己長期被消耗。

戰車
The Chariot

數字	7
元素	水
行星	巨蟹座

────── **圖面元素** ──────

戰車牌前進特質並不強,牌面以紅、藍二色為主調,代表柔軟的水元素──藍色在外,代表衝勁;紅色在內,表示整體並不具備侵略性,而是更看重防衛。戰車是完美主義者,除非有百分之百的把握,否則不會輕易出手。

戰車前方的動物代表四大元素,由左至右是牛(土)、鳥(風)、人(水)及獅子(火),但這四隻動物的腳兩兩互換,牛頭獅腳、人頭鳥爪。在這裡的列隊,是風、水兩個渙

散元素居中領導，最有行動力的土火元素屈居兩側，代表戰車舉步難行，也有可能是毫無方向地亂走。戰車牌中的戰士盔甲金光閃閃，這是一種保護色，希望自己的每一個決定都完美無缺，同時又希冀得到他人認可。因此，戰車牌象徵的主要意義是防衛，正在分析戰局，而不是揮軍進攻。

但這不代表戰車戰力衰弱，相反地，戰車牌隱藏的攻擊性極高，一旦被拉進戰局就會難以脫身。戰車的攻擊策略不是迎頭重擊，不是去四處掠奪，即使朝著目標而去也會選擇比較迂迴的戰術，例如消耗戰或是以退為進。7 號牌不退縮、不放棄，戰車咬牙苦撐的意志力無能人及。

戰車是我第一張發現色彩對於解釋托特牌意有多重要的牌，當初什麼都沒用，只用顏色，我就可以解出大部分的涵義，巨大的輪子是紅色，應該要火速往前衝，但上面的頂蓬卻是思考的藍色，出手之前，他還是要先想半天。戰士手中的輪盤也是，中間是紅色，代表意志力很強，但外圍又是猶豫的藍色，加上前方的四隻動物，戰車這張牌，有還不確定自己要怎麼前進的困擾，雖然前進後，他的攻勢會很有力，但在第一時間，決斷性就不夠，這也是戰車是水元素的原因。

頭上的巨蟹就是他的象徵物，巨蟹不輕易進攻，但他會把屬於自己的東西跟家人維護得很好，巨蟹很保護自己的財產。

雖然他是戰車，但這輛車子處於防守的狀況，並沒有隨時要前進的樣子，是靜態的而非動態，所以不適合跟他硬碰硬，要跟他玩心理戰。因為戰車容易思考太複雜，你只要誘他去想東想西，他就會把自己絆住，這是我們取得勝利的機會。

占星對應

巨蟹座是水象的基本宮，內在基本宮代表有野心、目的性強，很想要做些什麼事情。不過這種偏執隱藏在水元素之下，行動前會猶豫不決，害怕失敗或做得不完美、擔心自己還沒準備好……這就展現出巨蟹座的優柔寡斷了。對事情的看法有歧異時，巨蟹座不會直言反對。他常常猶豫不決，內心又不知道自己真的要什麼，希望你當他的蛔蟲。

不過巨蟹也真的有很可怕的第六感，每次都會抓到你要隱瞞他的事，但抓到歸抓到，對於解讀他就不是那麼聰明。像你買了東西沒告訴他，這就是很單純的事，因為太貴了，你怕他反對，但他就可以想到是不是你要用來討好誰？他在你心中已經不是最信賴的人了……這類狗屁倒灶的事，我覺得巨蟹很容易警覺到有事，但事情的內容他就會自己腦補。我就常常聽人說：「巨蟹不是很了解我，他怎麼都不知道我在想什麼？每次都猜錯。」是的，不但猜錯還自以為是。我從寫星座書時，就

常說巨蟹座有被害妄想症，眼前的證據明明告訴他事情很簡單，但他硬要加一堆想像的劇情，好像不讓自己變得很悲情，他就不夠特別一樣，但如果你可以忍受，就當成是一種生活情趣吧！

───────── 牌意解析─────────

★ 總體分析 ★

這是一張非常努力的牌，尤其只要是屬於他的人跟事，他都會非常拚命付出，他的獨佔欲非常強烈，不惜使出卑鄙或不入流的手法，在暗處把人性的黑暗發揮得淋漓盡致。

這張戰車的人格特質是很彆扭的，從牌上的欲拒還迎就知道，但不難對付。戰車要的不多，別人要全世界的認同，他要的只是恰到好處的讚美就可以了。

如果他的事業有成了，他會照顧到身邊所有人，對他好過的、幫過他忙的，他也不會忘記，哪怕多微小，因為他覺得去幫別人，說不定可以回收到的更多，所以這些點滴之恩，他都會湧泉以報。

★ 愛情分析 ★

這張牌開創事業太保守了，但在戀愛方面則貼心又溫柔，

他會為了你去做任何讓你開心的事，又不會像跟蹤狂一樣騷擾妳（但搭上惡魔牌或愚人牌，就有這個可能），他對愛的定義就是保護，所以你常常會覺得他管太多，但他的出發點是要保護你的身心，只要事情會傷害到你，他都不希望你去做，有點保護過度。

戰車型的情人最怕的是被遺棄的感覺，也怕沒有人需要他的保護。用小說的講法就是：他需要你對他的需要。所以有事儘管找他，他很樂意被當工具人，因為這樣他就有留在你身邊的原因了，但他也沒什麼安全感，你最好也多說些甜言蜜語。

★ 工作分析 ★

戰車適合的工作並沒有特定領域，唯有一共通點：有些瑣碎，但需要長時間投注精力。例如長途司機、徵信社（人心與水元素的關係密切）、幼兒園老師、助理或總務等。這些細碎的事務不難處理，但往往必須重複同樣的步驟，家庭手工藝、片場的場記也都屬於這一類型，因此戰車牌有時候較難得到成就感。

戰車代表原地不動，可能是遇到瓶頸，無法發揮所長或是上司不挺自己，也可能是在等待時機，不論是哪一種狀況皆是採取守勢，思考下一步該怎麼做。「建議」抽到戰車時，建議

你暫時不要出手，先凝聚足夠的能力，通盤考量後再鎖定目標行動。

★ 財運分析 ★

　　這張牌的財運也是慢慢存下來的，戰車對錢很有興趣，所以會一邊研究投資理財，買東西很講究 CP 值，很少亂花錢，除了有點太過精打細算，他在錢方面是沒有什麼可以挑剔的，量入為出，該花的錢就花，不該花的就一毛不拔，算是非常精明的社會人士。但在親人或戀人身上花錢會比較沒理性，算是對自己人比對自己還好的那一種。

調整（正義）
Adjustment

數字	8
元素	風
行星	天秤座

─────── **圖面元素** ───────

　　調整牌代表理性思考，不受情緒影響。藍色象徵規律、守則，深藍色更是一種絕對之存在，既定的規矩不容質疑；淺藍色則稍稍帶有商榷的空間。調整牌以藍色為主，加上一些綠色，表現出維持和平的方法，可以緩解嚴苛的深藍色。牌的正中間有一柄劍尖朝下的寶劍代表公權力，此象徵意義遠大於實際用途，所謂的「調整」並不是要揮劍鋤惡取其性命，畢竟這張牌的社會性強，法治之下，人民也需要有改過向善的機會，

讓失序回歸正軌。

　　我認為稱這張牌為「調整」比「正義」更合適。數字 8 是一種慣性的力量，「調整」即慣性，讓事務遵守規律、回歸軌道，久而久之我們都會服從這些行之有年的準則，漸漸地就成為「正義」。正義是公理，讓加害者付出代價，使受害者得到補償，但世間有些人、有些事情並不能夠以物質衡量，付出同等的代價。例如殺人者，即便被判處死刑也換不回逝去的生命。因此，我覺得所謂的「正義」乃形式上的正義，即使沒有辦法盡善盡美，無法達成絕對的公平正義，但可以盡量使天秤的兩端平衡，這正是此牌象徵的意義。

　　牌中的人物是馬特，她是賢者托特神的妻子，代表了所以公平正義跟客觀的精神，相較於托特的千變萬化，的確是很互補的組合，馬特負責審判剛死的人的靈魂，把駝鳥羽毛放在天秤上，另一邊放著死者的心臟，羽毛比心臟輕或等重，則是無罪，如果羽毛比心臟重則是無罪。

　　調整在偉特系統裡叫「正義」，但依我的經驗，偉特的正義就只是律法上的正義，相對之下客觀，但不代表絕對正義，我們都看過有罪的人，因為證據不足被判無罪，「正義」是拿來昭告天下，我們的法律是這樣的，但「調整」比較接近真正的正義，因為「調整」會就很多方向對比，讓不同的價值觀都

有比較的機會，也比較容易達到公平。

─────── 占星對應 ───────

天秤座拿掉金星之後（大祕儀我會把守護星跟星座分開看），隨即失去愛好和平與長袖善舞的特質，成為純粹的風元素基本宮，試圖取得平衡，但始終處於不平衡狀態。風元素本身不穩定、沒有集權，而基本宮有企圖心與目標，如果處於混亂的環境，會希望大家都能得到平衡，例如反覆辯證，尋求形式上的平衡點。風元素總是秉持客觀超然的立場，他會訂下辦公室守則或是生活公約，避免團體中的正面衝突。

天秤座的人，金星的特質會在年少的時候顯化，那時天秤座的人很好說話，也一派優雅，但年紀過了約莫30歲，他們就會醒過來，發現這樣禮讓別人，根本就是在姑息，所以我都說天秤座的人，叛逆期到30歲才開始，因為他們覺得當初對別人那麼好，只是讓他們有機會做不公平的事，所以現在要撥亂反正了。

因為天秤本質上是風元素，非常有理念，加上他們是執行能力超強的基本宮，所以很多人說天秤座懶洋洋的，實際上是受到金星的影響，如果沒有金星，風元素加基本宮的天秤座就是道德魔人，看是非對錯是一絲不苟的，因為放任了一個人，

就會造成整體的失衡。

──────── 牌意解析 ────────

★ 總體分析 ★

「調整」牌代表事情有一定的對錯跟 SOP，我們做的過程中不是不能犯錯，是要找出不對的地方加以調整，讓事情往更正確的方向進行。所以沒像正義那麼硬性。

不管在什麼問題，只要抽到調整牌，就代表在權利義務上是很相稱的，所以這張牌也代表婚姻。為什麼是風元素，而不是水元素或土元素？因為婚姻就是一個合約關係，雙方的權利義務要對等，而且如果有狀況，可以解除合約，那就不致於把路走死，還是留有轉寰的餘地，有時結束婚姻，是讓兩人的另一種關係成長。

這張牌也代表承諾，如果是男女朋友交往，不是代表他們的感情夠穩定，而是在名分上，給了對方男朋友女朋友的頭銜後，就有各自該遵守的權利義務，在「調整」牌來說，給出承諾是一件很重要的事情，但雖重要也不是不能改變絲毫，承諾只是一個重點，其它事可以在不妨礙重點之下，有微調的必要。

★ 愛情分析 ★

這張牌代表法律給予相愛的人要相守時,該遵守的權利義務,其實這張牌如果是談戀愛,缺少纏綿緋惻的情感,但有著相知相守的默契,其實這張牌代表婚姻更勝代表愛情,因為愛情重視濃度大於時間長短,但兩人之間的道義,是時間可以培養出來的,我常說,婚姻重視生活習慣適合與否大於愛不愛,愛得死去活來可以是一瞬間,但相知需要長久的時間形成。

★ 工作分析 ★

調整牌適合有條理的工作,最好又是講理的,讓他的善於邏輯有地方發揮,其實講師還滿適合的,不是教學方面適合(雖然教學也很適合他),而是他善於看出一個人哪裡不足、哪裡可以發揮,可以幫助人擺在最適合的定位,也很適合人事部門。其實設計師也適合他,因為設計這一行要能夠協調,又要能夠量身訂作,微調的工作需要心中有一定的構圖,讓整個大方向不至於走樣。

也很適合法律工作,因為他心中那把尺,可以放在任何地方,不至於太極端,可以居中協調到最正確的位置,甚至代書也可以,因為他的眼光可以看透規矩背後的邏輯,就算沒有正式條文,也能抓到正確的做法,眼光精準,又不會過於死板。

★ 財運分析 ★

這張牌適合穩定中求發展，如果是投資，適合定時定額，如果是工作，適合穩定但是有發展性，最好是在大型企業或公家機關，也適合做風險較小的生意，因為他們凡事很注重規矩，如果需要臨場反應，他們可能比較做不來，所以需要有保障的工作，但可以在規矩中發表小小的意見，調整牌不需要太多創意或才華，但又要有一定的空間發揮想法，比如說像是文化部或博物館的員工，或公家機關的公關或宣傳部。

其實調整牌不會不喜歡冒險，他們想要有冒險的「感覺」，但又承受不起太大的風險，所以就像玩大怒神或海盜船，在看來很危險的時候，還是需要有安全帶，就是看似挑戰，但其實有停損點，再損失也不會太大。

隱者
The Hermit

數字	9
元素	土
行星	處女座

---------- **圖面元素** ----------

　　隱者是一張閉關牌，閉關是為了修練而非避世，終有一天會出關。隱者身上的紅袍代表了某種目的性。牌面上可以看到隱者被稻穗包圍，這些稻穗飽滿、朝內彎，代表知識豐富但低調，不會輕易向人展示；右下方的地獄三頭犬，性喜陰暗環境，象徵求取成就的路途並不輕鬆；左下角的精子裡有一個小小的胎兒，表示內心已有具體想法，但還需要慢慢滋養茁壯；左側的蛇抱著一顆蛋，蛇與蛋都是智慧的意思，前者是已知的

而後者是未知的領域，這意味隱者內心期望更多。

　　隱者腳下有個精子。過去的科學家、神學家不明白受精卵如何發育成胚胎，他們認為一顆圓球不可能變成人形，因此相信受精卵裡面有一個小小人，越長越大最後出生。這個論述又分為精源說及卵源說，精源說認為卵子只是為了精子的擴展力而負責提供營養而已，如蛋黃一樣；卵源說則主張圓是上帝創造最完美的形狀，因此卵子才是生命的源頭，精子則只是催化劑，促使生命變化。當時的學界以精源說為主流，認為精子是生命及知識的根源，隱者牌的圖像也來自於此。也就是隱者這張牌表示還在受精卵的程度，以後會發展出健全的人身跟人格。

　　有的人認為隱者和女祭司很類似，但前者為土元素，後者是水元素。女祭司行事不帶有目的性，只在意自己的靈性及層次；隱者則是為了有一天要將自身才華展現於世人眼前，就像古代學子寒窗苦讀十年，為的是出人頭地考取功名。因此我認為隱者有兩種面向，一種是曖曖內含光，展現出文人雅士的高雅風範，但時機一到鋒芒畢露，就如同隱者手中的油燈散發六角光芒，不僅是自我得到了提昇，也照耀他人。一種是自以為很清高，看不起別人，但這就是跟很自我意識很強的牌一起出現時，比較容易形成這種狀況，像皇帝牌。兩張牌比起來，隱

者比較容易受到外界誘惑，必須將自己隔絕在外；女祭司就比較像大隱隱於市，不論身處何地，都可以保有獨立的自我及崇高的氣質。

隱者牌內心是有想望的、有憧憬的，它只是正在閉關累積實力，等出關了，他還是需要一些世俗的肯定。抽到這一張牌的人，大部分正在閉關，有人找工作抽到隱者，就問我是不是代表找不到工作？我說不是，隱者代表正在準備，我問他是不是要準備什麼考試？果然他正在準備高普考。

───── 占星對應 ─────

隱者是土元素，對應到處女座變動宮，但土元素的特質比較隱晦，其內心偏向摩羯，因此有時候會顯得偏執，這樣的隱者其目的性更強烈而單一，他潛伏多時蓄積實力，以求得名聲、地位或財富，也有可能不求任何實質好處，只想要獲得眾人的肯定，或是證明自己的層次提昇了。隱者有些類似學者，一心一意做自己該做的事情。

人家常常覺得隱者牌很脫離世俗，但那是暫時的，等到他覺得自己實力夠了，就要出來大展身手，所以他還是有世俗欲望，只是時候未到，隱者很能壓抑自我，因為他忙著吸引身邊的知識，可以暫時不去想物質的事，但畢竟是土元素，還是需

要物質的世界肯定他。處女座雖是土元素，但畢竟是變動宮，外人覺得他都不動搖，但他其實對世界有一套自己的想法，也很能變通，只是他不喜歡在外人面前展現出他已經改變想法了。同樣是水星掌管的星座，我常常說「雙子座勇於認錯，絕不改過；處女座是勇於改過，絕不認錯」，你會發現在跟處女座爭執一些事情時，他看起來會很堅持他的觀點，一步都不讓，但過了幾天，會發現他已經改正行為了，這就是風元素跟土元素的差別。

──────── 牌意解析 ────────

★ 總體分析 ★

如果抽到隱者牌，那就是表示你正在作準備，如果是「建議」抽到隱者，那隱者建議你先不要太過張揚，錢要偷偷地賺；追求對象，要等對方確定跟你交往再公開，這樣會少掉很多阻力。因為會出現隱者牌，就表示事情太多人知道，會有從中作梗的機會。舉例來說，我是整天在臉書嘰嘰喳喳的雙子座，全世界都知道我今天發生什麼事，如果有人要對我不利，敵在暗我在明，對我來說就有風險。

如果隱者是代表自己，可能代表身邊的人沒辦法跟你交流資訊，或者對手上的資料太過謹慎，好像自己握有什麼大祕

密，講出來全世界都會受到影響。其實沒這麼嚴重，老是怕別人從你這邊要資料，但你的資料讓別人消化過後，說不定產生更有價值的結論。

★ 愛情分析 ★

隱者牌在感情上是「問題」的話，表示標準太高、孤芳自賞且敝帚自珍，戀愛經驗少，本身可能專業性知識豐富，卻欠缺常識，因此難以與人產生共同話題，自然也比較難談戀愛了；如果隱者是戀愛中的感情「建議」，你們最好分離冷靜一下，彼此各自恢復到內觀狀態，避免被對方的情緒或話語干擾，或是直接求助專業的諮商師。

如果正在交往，但有爭執，出現這張牌就代表你太不能體諒對方的心境，等於關在自己的世界裡面，從不看看別人遭遇的問題是什麼，把自己關在象牙塔裡面，只用自己原有的脈絡來思考。就像我前面說的「處女座勇於改過，絕不認錯」，先不要跟對方對話，靜下心來想如果你是對方，會希望自己展現出什麼態度，其實隱者牌只是放不下尊嚴，是很願意改過的，因為改過會讓他變得更完美，更有立場指責其他人犯的錯誤（哈哈哈，這是實話）。

★ 事業分析 ★

隱者的目地性和主觀意識很強，會為了達成目標韜光養晦多時，適合的工作屬性是研究員與學者、或某個領域的專家，即使是需要勞動力的務農，也會是鑽研於種植有機蔬果或是外觀完美、可以參加大賽的稻作果菜。不過土元素表面上看似穩定成長，卻隱隱有拖延的意思，加上是變動宮，使整體情勢不甚明朗，雖不至於失敗，但是過程漫長，且很有可能結果不如預期，就像學術研究大多枯燥漫長，且不會一帆風順。

隱者很適合當老師或教授，或自己成立一個研究單位，因為他手上的學問，都不是粗淺的學問，而且隱者當學校老師比較有保障，也適合他沒有安全感的個性，好累積長久下來的成果，不會被別人篡改或誤用，因為隱者牌對於他自己研究出來的東西，要用在哪裡他都已經想好了。

★ 財運分析 ★

隱者本身對於錢不是要求不多，他只是覺得以現在的程度，拿到手的錢也只是少數，等他一切都準備好，還怕沒錢賺嗎，是你們太目光如豆了，為了一點點小利，放掉以後更大的成就，對隱者牌來說，不是大錢就不是錢。

也就是因為他這種「等一下，以後會有更好的」的心態，

就容易錯過時機，對此，我的建議都是，就算是小小的好處也先拿著，你怎麼知道他以後不會自己長大，不會創出更大的天地！

　　隱者的大錢，很有可能他架構一個完美的模式，讓大家都能分享，但他怕他還沒完成，就讓不重要的蠢點子毀了這一切。所以隱者的財運要走中老年運，大家彼此都有默契，也都知自己需要這些東西做什麼，就不會浪費掉了。

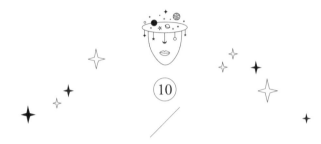

命運之輪
Fortune

數字	10
元素	火
行星	木星

———— 圖面元素 ————

　　牌面的背景是紫色，這是最尊貴的顏色，象徵改變與新生；橘色閃電也有改變的意思，藉由與他人連結而產生變化。命運之輪對應木星，木星在占星的意涵上有尊貴、聖人、名人，與此牌中的紫色、黃色（金色）相互呼應。木星及命運之輪的轉變快速，向外擴展，同樣是象徵改變的契機。命運之輪不是佇立於同一個地方累積成長而成，而是在對的時間點抓住機會，一次迅速成長茁壯。

命運之輪右下的胡狼代表傷害，左側的獼猴代表知識，人面獅身像則代表智慧，我們一直都說牌是中性的，沒有所謂好壞，但是在命運之輪最上方的圖像（人面獅身），是最好的象徵物——智慧，因此我們一般都會將此牌解讀成事情會往好的方向前進。

　　三種不同的動物代表好跟壞，隨著輪子的旋轉，好運跟厄運不斷交替，形成生命的起伏，但這張牌代表你問的事情正往好的方向前進，但好跟壞是交替的，所以你要對接下來的變化有所察覺，不要放心地以為永遠是順境。

　　背景深淺不一的紫色形成漩渦，漩渦是相當有意思的圖像，史派若塔羅牌整副都是漩渦（故又稱為漩渦塔羅牌），每一個漩渦都是黃金比例，如若生命是個封閉的圓，看似圓滿卻無法有所成長，而漩渦的開口讓新的機會與改變進入，生命得以生生不息，因此也可以將漩渦視為生命的起源。

　　整張牌的紫色跟金色是主色，正好是占星對應木星的「尊貴」意涵，東方的吉祥是不變動，但西方相反，如果要有好運，一定要改變眼前的狀況，整張牌的視覺焦點是閃電，也就是打破眼前現在的事物，帶來更多新的氣象。

占星對應

　　木星是射手座的守護星，代表教育、哲學與變動，也可以將木星視為行萬里路的學者，見多識廣，擁有的知識非常活潑，有別於老學究。木星在占星學裡是幸運星，也有貴人的意思。不過在塔羅牌裡，貴人的主要代表是教皇牌，而命運之輪的貴人則可能會以小人或麻煩的樣貌出現，這表示新的契機，不管這個機會的用意是善是惡，最終你都會因此提昇自我。

　　木星在占星學裡面是幸運星，韓良露說過：「木星只是一個機會，你抓不住的話，就會跑掉了。」我認為木星為火元素，跑得太快了，若沒有抓在手中就會什麼都不剩；對照土星，土星雖然會帶來漫長且痛苦的過程，但這段時間內所達到的成果是可以長久保留下來的。

　　木星通常運氣太好了，所以它認不得困境，好處是永遠樂觀，壞處是搞不清楚狀況，就像良好出身的人，搞不清楚世間的險惡，但木星的本質比較善良，福報也很多，通常都能安然過關。也因為是木星，所以在教育界可以很活躍，也容易當別人的貴人，所以我常解讀木星會是升到更高程度的階梯。

　　只要脫離原來的層次，改變就會帶來其他的收獲，這張牌不但發生好的轉變會帶來好結果，就算有壞事發生，或受人傷害，但也會帶來好的結果，我們常常可以看到某些故事，發生

了壞事，卻陰錯陽差地為主角帶來好運，木星如果帶來不好的運勢，頂多也就是驚險一下而已，不會有真正壞的結果。

───────── 牌意解析─────────

★ 總體分析 ★

命運之輪很有活力、很新奇，什麼都是瞬息萬變，但它不會提供什麼保證，一切還是得靠自己去發揮與創造。命運之輪的契機是「改變」，最好的方式就是離開現在所處的地方，因此也是搬家、換工作的好牌，這張牌隱含著「新的就是好的」之意。若命運之輪出現在「建議」，意思是趕快去做，只要脫離現況，怎麼樣都好；若出現在「問題點」，代表你可能還沒有準備好，木星的好運常常突如其來，也許你還未能掌握它；也可能是機會太多，反而無法下定決心，最後什麼也沒抓住。

但命運之輪是一個轉捩點，可以改變長久沒有好事的氣象，雖然不見得之後全是好事，但一開頭有好事，總是有一股新氣息，讓我們有信心可以撐下去。

★ 愛情分析 ★

命運之輪的感情並沒有定下來的意思，代表「對外尋找新的刺激」，可能是已經有另一半了，但還是想對外交交朋友。

曾經有一位 20 歲的小帥哥來問感情運，「問題」抽到命運之輪，意思是在他身邊的女生很多，使他眼花撩亂，反而不知道自己真正喜歡的是哪一個。

如果兩個人感情很穩定卻抽到命運之輪，則代表需「兩個人一起對外尋找新的刺激」，最好一起去做些不一樣的事情，例如登山、旅行，畢竟同時都在成長的兩個人，若沒有培養共同興趣，有可能會漸行漸遠；若處於曖昧狀態，抽到命運之輪則代表即將有所突破。

如果沒有對象要問桃花運好不好，其實還滿好的，但每個對象優點都不同，讓人難以取捨，選不一樣的人，有不同的美好感情體驗，就算不是很長久，也會留下美好的回憶。

★ 事業分析 ★

命運之輪對應的不是某一個特殊的專業領域，而是一種工作模式，例如導遊、貿易進出口、補習班、跟海外接觸、翻譯、外文相關等，只要是拓展人脈、擴大原有生活圈、把人從舊有模式拉出來賦予新的意義，都算是很命運之輪的工作。

如果要就牌面來分析，當空姐或機師也是不錯的選擇，或是運輸業，但這張牌比較會位居高位。這張牌的意思一向是很繁忙，跟人際社交有關的工作也可以，但服務的單位身價都很

高，例如五百大企業，或是該行業的當紅炸子雞，而你也會做出一定的貢獻。

我最認同的命運之輪行業算是教育業，因為教育就是把人從原來的層次升高到另一個層次的行業，但就算不是定義上的教育業，不管命運之輪在哪個行業，都會有提升別人的本能。

★ 財運分析 ★

命運之輪在財運方面當然是好的方向，如果你本來就很有錢，這張牌會讓你有新的發展，得到新的技能，如果你不是有錢人，它會讓你找到長期的穩定收入，但命運之輪只是展現一個方向給你，幫你開個頭，但之後如果不努力，這個好運也會瞬間就過，如果是長期簽約，那你也會越做越不愉快。

這張牌簡單來說，就是給你一個「新機會」，但機會只是機會，要變成長治久安，還是要看你如何經營。命運之輪的運氣很好，只要你願意下功夫，基本上不難有成就，貴人跟好運也很多，等於是路都幫你鋪好了，就看你做不做而已。

如果願意投入，很快就會身居高位，但就算混日子，也不至於混不下去，但有這種好運，其實我覺得不算好事，因為不喜歡的行業混得下去，那你就不會努力去找更好的工作，所以反而是妨礙你的發展。

慾（力量）
Lust

數字	11
元素	火
行星	獅子座

─────── **圖面元素** ───────

　　慾的牌圖色彩以輪脈中的下三輪顏色為主，背景則是暗紫色，蘊藏著巨大能量，但尚未展現出來。圖像是一名女子騎著七張臉的獅子，在北歐神話裡，七臉獅子代表人類的劣根性與原慾，女性溫和理性的特質可以駕馭此惡性，她左手的紅色韁繩即可見一斑。牌面中上方有一個紅色的 U 型圖樣，女子右手托住其底部，這是仿子宮，即生命誕生之處，綠色的部分表示植物的生命力。火元素固定宮的能量不會一次爆發，會平均

分配這股能量，就像瓦斯爐只有在轉開的時候才會點火加熱，不需要時就儲存起來。這股力量並不是一次性地強烈爆發，而是如滔滔江水川流不息，一旦湧出之後就不會停止。但是如果加到最強的時候，他所有潛藏的慾望就會一次爆發，而且沒人能阻止。

塔羅牌的「慾」相當於偉特牌的「力量」，我認為「慾」比「力量」更為貼切，力量牌常常因為名字被誤認為猛烈的力量，但這裡指的應該是本就存於我們內心的本能，因此以「慾」來表示更合適。賺錢、談戀愛、拼事業……大多是基於慾望，而不是神來一筆的巨大能量，所以我將這張牌詮釋為潛伏在本能裡、根植在我們生活中的慣性力量。

「慾」是一張我們生命之中潛藏的持續力，它的顏色是橘跟深紫，都代表源源不絕的力量，不是一次就爆發完畢，它發揮的力量是很巨大，而且很綿長，跟我們使用的火源一樣，是越燒越爆發，所以這張牌的重點在持久爆發力，雖然力道還是比其它牌大，但以它具有的潛力而言，它表現出來的只是一小部分，如果依性能來講，背後還沒展現的火力是很十足的，表面上展現的力量，只是冰山一角而已。

所以這股力量比較可調控，雖然很巨大，但不會燒毀事物，是快速的提供熱能，讓事物受到滋養，但不像水是運輸養

分，火就是養分本身，他是征服，而不是破壞，就算有破壞，也是為了更大的建設，或開發得太快，造成能量上的反彈。慾跟皇帝牌不同的是，雖然力量一樣強大，但皇帝牌是一次爆發，慾牌是可以長期的燃燒，比較起來，慾望比偉特牌的力量，以及皇帝都還要強大。

——— 占星對應 ———

慾是一張很有生命力的牌，可以孕育許多東西，也可以創造出許多的可能性。獅子座是火象星座，代表慾望與衝動，雖然慾每一次只展現一小部分力量，但整體實力非常強大；另一種可能是慾一邊消耗、一邊累積能量，因此動力永遠不會停下。獅子座相當重視別人的眼光，慾也會特別在意自己的形象，或者自己有沒有讓大家讚嘆。脈輪雖是中下三輪，但還是使用頂輪的紫色也呼應著這一個特質，紫色是尊貴的顏色，雖然獅子座對應黃色，但黃色是人世間的最高點，但紫色到達另外一個層次。

獅子座為什麼在偉特牌的力量牌中比較自制，而托特的慾望牌則是活生生、赤裸裸、令人無法忽視的呢？因為 8 這個數字是長期累積，然後漸漸地釋放，所以造成的影響比較不容易被人看到，就算看得到，也是慢慢發現，但慾是 11 號，就

是 10 之後的第一個數字，10 是物質世界的最高點，一切事物都是它的底子，而且非常深厚，又有 1 的新生跟爆發力，而且能量超乎物質世界，它的慾望是物質世界的高峰，再發展出的 1 可以接觸到神的境界，也就是奧修常說的「每個東西一旦到了頂點，就可以使人開悟，包括性高潮。」短時間內的高潮，卻可以達到永恆的變化。所以它可以把人的特質變化成神的特質。

獅子牌唯一狂野的地方就是很天真，會被讚美跟別人的期待推動去做一些瘋狂的事，只為了證明自己是對的，沒有考慮對周遭的影響，只被心中的渴望驅動。他最大的渴求就是別人的肯定他的存在意義。所以這張牌是無敵的，他不是代表沒有困境，也不是沒有艱難，但你對生命本身的熱情，就可以讓你視所有劫難為無物，愉悅的感覺大過痛楚，相形之下痛楚就不存在，不是痛楚真的不存在，而是你用對生命的熱愛戰勝它。

──────── 牌意解析 ────────

★ 總體分析 ★

慾代表歷久彌新，時間雖長但能量並沒有被消耗掉，或者是對一件事情的喜愛程度大到它已經成為生命的一部分，這股力量極為龐大，但沒有壓迫感也沒有侵略性，他只是表達出他

的生命本身，沒有別的意圖，只是在別人眼中有絕對的權威，這是他的執著散發出來的魄力。這種類型的人在工作上通常蠻成功的，他們不會裝模作樣高唱意識型態，而是針對他人的需求和利益付出，他們明白自己越重視他人的利益，越能夠得到同等的回報，以此培養長期穩定的合作關係。

慾若出現在「問題」點，表示這是經年累月的老問題，盤根錯節、沉痾難治；或是你的優點導致了這個問題，例如很受歡迎而沒辦法拉下臉來拒絕，導致事情積累過多無法前進；或是太重視面子反讓自己陷入困境。這種情形就類似連載十餘年（甚至更久）的暢銷漫畫，編輯告訴作者如果完結的話，漫迷會傷心、周邊商品及出版業會受到打擊，新的作品未必會這麼受歡迎，作者沒有辦法拒絕，只好一直畫下去。

★ 愛情分析 ★

慾表現在愛情上，就像變速超級跑車，讓你穩定前進，上坡亦如履平地。慾會做面子、懂浪漫，擅長經營關係，加上是固定宮的關係，不會隨意換對象，越相處感情越深厚。也是因為他一開始就用情很投入，所以不喜歡承認自己選錯人，所以他們通常底限很寬，要讓他們分手很不容易。深紫色背景除了代表蓄積的能量，也代表在社會中擁有不少人脈，且因為知曉

長遠規畫，這些資源不會在短時間內消耗殆盡。慾清楚知道自己要的是什麼，也知道別人所求為何。若抽牌詢問的是「懷孕」，慾則代表有這個可能性，而且胎兒是慾望的結晶，因為牌圖中就有子宮的形象。

慾望這張牌雖然愛慾很強烈，卻非常注重禮節跟形象，所以通常他會在追求到手之後爆發，之前會用眼神跟行動表達他強烈的愛意，而且他比較會用盡心思摸清楚你喜歡什麼樣的人，他的驕傲不是追求成功，他要你自己送上門，他把戀愛當成一場戰爭，不管在哪個層面，輸贏對他來說是最重要的。

★ 事業分析 ★

數字 10 代表完整性，慾是「10 ＋ 1」，以 10 為基礎展開新的力量，因此其穩定性遠勝過 1。如果是問工作狀態或工作運，慾是一張很好的牌，代表人脈、資源充足，自己的才能或設計製造的產品也能受到讚賞。與其說「慾」很厲害，不如說這張牌能夠精確瞄準他人的需求。公關（不是嘴巴甜、圓融的類型，而是誠心相交，可以維持長久的關係）、精品 VIP 的相關從業人員都是慾的代表。

如果是問有無機會換新工作，慾畢竟是火元素固定宮，表示將有新的可能，但依然是老本行或過去熟悉的領域。新開的

門會是現況延續而來，或由老朋友介紹的工作機會。

★ 財運分析 ★

慾望牌的財運非常佳，不只有短期的財運，也有長遠的財源，而且這些錢財不是憑空掉下來，是慾望牌長期對外結善緣，並且做一些沒頭沒腦幫助別人的事，而且他幫的人，大部分是不會有別人想出手幫忙的。慾只要看到一個點有需要他的地方，就不會考慮到全面性，可是說是長期的積德，就算偶爾有破財，也會有貴人出現度過難關，因為慾常常當別人的貴人，雖然他都不覺得自己做了什麼好事，只覺得是順手之勞，而且這只是小事，但對他所幫助的人來說，意義卻很大。

通常慾牌花錢很大方，但他的錢也回來得很快，而且他付出去的是錢，回來的不只錢，還有名聲跟人脈，當然這也是他幫人時沒有想過回報，只是覺得對他來說是小事，不幫人就太說不過去了，所以慾的名聲跟財運長期而言都很好。

倒吊人
The Hanged Man

數字	12
元素	水
行星	海王星

───── **圖面元素** ─────

　　倒吊人被吊著卻沒有痛苦掙扎，表示他是受到環境限制使然，而不是自己放棄抵抗。牌面下方一團黑暗之中，潛伏著代表智慧的蛇，這意味著人在順境時未能看清真相，往往在困境之下才能發現隱藏的智慧。

　　這張牌大多被認為是奧丁神，因為奧丁之神為了得到知識，自願失去一隻眼睛，並把自己吊在世界之樹上九天九夜，瀕臨生死之間，才能窺見活人無法探知的真義。奧丁神也有引

領死者靈魂的能力，所以我覺得這張牌放在死神前面是很合理的。一般來說，不管是哪個版本的倒吊人，神情都是非常安詳且自在，他知道他想得到的東西必須付出代價，所以平靜地接受。

就正統的奧丁神話，他把自己吊了九天九夜，並以矛刺傷自己，得到的智慧是盧恩符文，一個民族的文字，也代表所有事物的象徵，現在盧恩符文大多刻在木石上，可以拿來占卜或做咒術，我弟弟也是盧恩符文師，所以掌握文字，就可以掌握所有的力量，就像中國人說古時候書生寫的字能驅鬼，符咒本質也是文字，文字能讓力量透過象徵顯示，文字是該事物的縮影，並且帶有相應的力量。奧丁不是戰神，祂的角色是戰略家，倒吊人採的是守勢，不跟外界搏鬥，是依照環境給與他的一切，去做順勢而為的事。

這麼無為而治的一個神祇，居然是北歐神祇的眾神之父，可見強勢並不能涵養大多數的力量，真正的力量是在整個世界周遭，也就是上善若水，如果你的本質是水元素，那就可能化身成任何力量，也會擁有最多面貌的變化。

雖然奧丁曾受吊刑，但人跟神不一樣，奧丁可以透過吊刑取得智慧，但在北歐的刑法中，吊刑是非常嚴重的刑罰，不同之處就是神可以接納一切痛苦，並從中過濾出可用的智慧，但

在凡人身上，吊刑就苦到足以讓他什麼都沒辦法思考，所以如果我們處在倒吊人中的無奈狀況，就只能提升自己的心性，讓自己可以將一切都視為過程，只要這段時間過了，不同的天地一定會展現。

───────── 占星對應 ─────────

倒吊人對應海王星，海王星是雙魚座的守護星，具有犧牲、靈性、被動、溫和多種性質。海王星的特點幾乎完全等同於雙魚座，好似漂浮在一片海洋中作夢的感覺。這種類型的人在現實生活會吃特別多苦頭，但在那個當下卻甘之如飴。水元素和平慈悲，代表昇華與淨化，但有時候會不分是非、立場模糊不清，容易被欺騙而犧牲，居於弱勢毫無還手能力。

海王星最大的特質是無為而治，沒有攻擊性也缺乏建設性；也代表耶穌，歐西里斯時期大概也跟耶穌時代並行，因此有逆來順受、犧牲奉獻、大愛及慈悲的精神。但回到人性的層面上，海王星看起來相當好欺負，迷糊又不愛與人計較。倒吊人表面上看起來非常認命，有一些靈性經典主張受苦有助於覺醒，越苦越會剝奪表皮的裝飾（例如財富、地位），越能挖掘出自我。

耶穌就是承受世人的罪過，代替人類受苦，但他承受巨大

的痛苦，也得到了最大的智慧，所以不是說倒吊人應該當笨蛋，而是他不用跟別人計較無意義的小事，跟他的天命比起來，這些小事都微不足道。有些說法認為倒吊人很像苦行僧的特質，把肉體的歡愉減到最少，用以體會到靈性的存在，但在這裡，我有不同看法，肉體越痛苦，不就越讓我們無法忽視肉體的存在嗎？越痛苦的部分，越能佔據你的思考能力，其實我覺得如果痛苦到極致，一下子放鬆後，才能體會到世界的美好，而且會覺得自己無所不能，我覺得倒吊人的力量來自於此。

──────── 牌意解析────────

★ 總體分析 ★

　　倒吊人處於逆境受苦之時，即使努力翻身，無奈形勢比人強，也只能順應現況。這張牌的基本精神是不反抗、不要急於改變現狀，應該要藉此機會看清情勢。所謂「天將降大任於斯人也，必先苦其心志」，如果一個人的一生順遂，不曾經歷苦痛磨礪，就永遠沒有機會進入更高的殿堂，不會擁有深邃的智慧。我到達神祕學領域之前，也經歷過許多倒吊人的階段，且毫無招架之力。倒吊人受苦的精神是：不反抗，才得以理解這個狀態要帶給你什麼啟發。

如果「建議」抽到倒吊人，保持心情的平靜即可，試著去接受、臣服這樣的處境，不要有過多不滿與批判，只有經歷過才會知道這個苦難可以帶給你什麼。舉例來說，如果你認為現在的工作很糟糕，抽到倒吊人表示新工作只會有過之而無不及，最好先按兵不動，等到狀況變好，或自己更有信心的時候再來轉變。不要急著改變困境，最先要改變的是你自己的心態。

★ 愛情分析 ★

　　感情方面，倒吊人代表委屈求全，既不能忍受現況，但也不知道如何脫離。如果倒吊人出現在「問題」，代表你最好離開那個環境，搬家或是心態上做切割，繼續在一起但不要理他。我經常被問到：「既然受環境所制，還脫離得了嗎？」例如另一半常常惡言相向甚至是肢體暴力，難道要繼續隱忍求全嗎？我認為倒吊人在這裡的意思是隨順因緣，而不是用自己的主觀意識去強留想要的東西，你委屈自己、不斷自我安慰「總有一天他會好好對我，他會知道我為他付出多少。」但何不換一種角度思考：他既然將你往外推，就不要勉強留下來了，不如離開吧。這樣來詮釋倒吊人會比較合適。

★ 事業分析 ★

在工作方面，倒吊人表示目前無法找到適合的工作，時運不好，不如以靜制動。找工作時抽到倒吊人，表示要屈就，可能學非所用或離家遠、薪水少，無法堅持立場與利益。倒吊人找到的都是無法適得其所的工作，因為倒吊人必須學習一些自己不想接觸的事，才能體會其他人的感受，所以以後可能成就很大，但現在就是吃苦當吃補的期間，不管換什麼工作，時間未到之前，都無法享受自由，唯一的自由就是放爛，但對自己的將來會危害更甚。

倒吊人的本意就是順流而下，看命運把你帶到哪裡，你就在那裡把該學的學起來，不要想著要掙脫，生命給你的，就是你以後會用到的。

★ 財運分析 ★

倒吊人的財運，只適合為人作嫁，錢財就算到手了，也很容易流出去，我其實會建議反其道而行，越沒錢，越要捐款，要給自己多累積福報，這樣等到運勢起來時，才會源源不絕，人在越苦難時，越能看出人品，現在反而是證明自己的好機會，因為沒錢，你再怎麼損失也就那麼多錢（笑），但你等於把自己財產一半都奉獻出去。別的牌我不知道，倒吊人牌真的

會跟很多不可思議的事連結到。倒吊人代表海王星，與大家同在，所以你越滋養其他人，越容易回到你身上，你越沒想到錢，錢越會出現，其實如果需要安全感，我建議可以去慈善基金會工作，這樣不管捐多少錢，你都參與善事，心思也會跟善人在一起，處在這種氛圍中最好了。

死神
Death

數字	13
元素	水
行星	天蠍座

———— **圖面元素** ————

　　死神牌圖的骷髏是黑色的，鐮刀不是兇器，反而象徵收割與豐收，以前學過的東西貌似過時無用，實際上已經奠定了紮實的基礎，例如熟悉手工繪圖的人去學電腦完稿，做出來的作品，會比只學電腦繪圖的人，還要多一分細緻感。出現死神牌的時候，第一個反應是「哎呀，沒戲唱了。」但如果你主動用自身具備的技能建構出不同變化，很有可能展開一條嶄新的道路。死神手中的鐮刀所收割的，必然是主動創新的產物，而不

是已經出現頹勢、舊有的東西。

淺藍色在色彩學上，代表理性與開放，且容許變化，這一點近似水元素的特質。牌中淺藍色的靈魂呈漩渦狀，由下而上，表示轉變與更新，死亡在這裡是一個中繼站，向上還有別的層次，這是一條必經之路。四大元素中，土元素代表物質世界，水元素代表靈界，泥鰍生活在兩界之間，雖然軀體已經死亡但仍然停留在陽界，這個階段稱為「中陰身」，蠍子也有同樣的意涵。

這很類似「靈魂暗夜」的意思，修行之人開悟之前會經歷「靈魂暗夜」，那是一生最悲慘的時刻，過去所擁有的不再具備任何意義，未來不知何去何從，失去一切、邁向死亡。我認為寶劍 9 和死神象徵的意義，非常類似這個狀態。

死神的鐮刀有兩個功能，一個是把敗壞的植物割除掉，割除掉的草料就化為養份，讓大地再一次生長，所以鐮刀不是用來殺戮用的，鐮刀是拿來淨化大地用的，鐮刀反而是象徵新生命，可以重新回到大地中，再次生長，所以鐮刀是死亡也是播種重生，但必須先死亡，才有後來的播種。

死神是在陽間與冥界來去的人，所以他的想法就是一體兩面，不是生，就是死，也給別人絕情跟冷酷的印象。但老實說，你會希望一個睜著星星眼、美好年輕的人來當死神嗎？看

到他，你只會悲嘆自己即將失去的生命。靈學裡的靈、鬼魂完全不一樣，前者指原靈，是不會死亡的；後者的生命已經終了，但是死前的執念還一直留在世間，形成強烈的電波，但因為已經身死，既沒有辦法與人溝通，更沒有辦法接受新的想法，若鬼魂無法昇華轉化，四百年後終究會煙消雲散。而這些似有冤情的鬼魂，就像是死神牌一樣的固執，會重複說著「還我命來」那樣偏執。（這是英國機構的研究，雖然有點可疑，但也沒有別的單位研究，我們姑且聽之好了。）

死神如果是人格，這個人就是已經死板了，僵化了，想法不會有任何改變了，如果是人格的話，成功者就是以自己的嚴厲感到得意，並堅信全世界都需要這樣對人，不然世界就不成形了，如果你是他身邊的人，他初期很難捉摸，等抓到他固定型式，他就很好掌握了。

就是個老頑固，怎麼勸都勸不聽，犯了一次的錯，還會繼續犯下去，只因為：「我已經習慣這樣做了，之前這樣都沒出過問題。」就算不好的例子在眼前，他還是不會改變自己的信念，真的需要重新投胎，換一副人格，但如果是身邊的人，只能用蠶食的方法慢慢改變，慢到讓他都沒發現一切正在變動。

——————— 占星對應 ———————

死神牌是水元素固定宮，講求感覺、感情，進入固定宮之後，一旦認定了某個人事物，會倔強地十頭牛也拉不回來，在人格上顯得死腦筋，自身因不肯改進而慢慢式微。

天蠍特質相信自己的直覺，固執地認定事情一定是自己所預測、所相信的模樣，他們不會去求證，倘若發生了錯誤，就怪罪事情本身發生變化，始終不會檢討自己。因此跟天蠍座溝通頗累人的，可是他們一旦視你為自己人，就會相當死忠，不會因為閒言閒語而動搖。

死神不是什麼壞事，它是幫你結算這一生，要還的要討的，都要自己記好，盡可能的把自己的業力清空（當然短短一世不可能），讓你拋開原有的習氣跟記憶，重新面對你的人生，把你過去的誤解跟愛恨情仇全拋下。

——————— 牌意解析 ———————

★ 總體分析 ★

我很害怕看到寵物出現死神牌，人有意識還有無限可能，抽到此牌未必代表死亡，但是動物遇上死神牌，最終往往氣力耗盡而逝世。問健康抽到死神牌的話，代表精力耗弱，沒有時間養精蓄銳、休養生息，即使此刻看起來沒有什麼大災大病，

但是隨著能量消耗，會開始出現問題，當務之急應該是好好養身而非治病。

問事件發展時抽到死神牌，並不會有什麼糾結，而是「就是沒辦法了」，任何試圖挽救情況的行為都是徒勞。死神牌出現在「現況」，代表已經沒有什麼新的東西了，但很可能是自己的感覺，也許客觀上並非如此。問題牌或許會點出問題出在別的地方，只是你的態度需要調整；如果死神牌出現在「問題」點的話，表示這的的確確就是問題所在。

死神牌出現在「建議」的話，可以當成倒吊人的加強版，為了不要讓情況惡化、耗盡所有心神，不如趕緊放手，重新開始。

★ 愛情分析 ★

死神在愛情裡，有曾經滄海難為水的味道，你一直期待自己記憶中美化過的人，並把他當成所有不如意的救贖，但每個人都有很多面，總會有面向是不如你意的狀態，你還是追求現在可以追求的，不要在虛幻中浪費生命。

死神出現在感情問題，就是他現在狀況非常糟糕，希望有人把他救出苦海，但這樣的心態，大多是拉著對方一起沉淪。死神要結束，才能自我重生，如果在一段爛關係裡，就不要騎

騎找馬，通常在這種情況下，你看人的眼光一點都不準，會遇到的大部分是騾子，必須先把眼前的關係處理清楚，然後重新找回自己，成為一個更好的人，才能遇得到更好的對象。

★ 事業分析 ★

事業運方面抽到死神，表示就業市場的道路越來越窄，你擁有的技能雖然是很好的基礎，但在市場上已經不是主流，如果沒有充實自我，妄想用過去那一套打遍天下，無疑會走進死胡同，毫無新生機會。簡單來說，死神牌的意思是不進則退，當別人都在前進，即使你只是原地停留，也會被狠狠甩開。

不少人抽到死神牌的時候，會一廂情願地以為即將迎來新的開始，但我認為，這個新生有個前提：主動改變。如果自己什麼都不做，什麼都不規畫，不會等到新開始，只會一起沉沒。舉個企業的例子：NOKIA 是典型的死神牌，曾經擁有傲人的成就，但未能即時改變順應時勢，最後走向沒落。固守傳統、打安全牌，拒絕創新，最後消亡，這是死神牌的核心意涵。

★ 財運分析 ★

在占星學裡，天蠍的第八宮是偏財宮，金牛是正財宮（第

二宮）。偏財宮有機會一次性得到一比鉅款，可能是遺產、樂透、離婚贍養費、保險理賠等等，也有可能是不義之財。

　　財運取決於能量流向，如果你賺到的錢與自身努力、才能成正比，就會持續進帳；天蠍座的錢財能量與他本身付出並不相當，且可能是意外所得，那反而會被壓垮。錢是能量的具體化，一旦入了天蠍宮就像進入黑洞，這個能量會被徹底消耗殆盡，也沒有再生的機會。

藝術（節制）
Art

數字	14
元素	火
行星	射手座

—————— **圖面元素** ——————

藝術牌接在死亡牌後面，死神缺乏改變，藝術的重點便是提昇與改變。

藝術牌（相當於偉特的節制牌）對應火元素射手座，煉金術士將手上的火把和杯子放入丹爐融合為一；牌面下方的獅子和老鷹，雖然各自象徵火元素與水元素，但是兩者的色調乍看之下，卻會令人感到有些錯亂，白色的火元素、紅色的水元素。看到藝術牌不免讓人想到戀人牌，兩張牌都有相對應的

圖像，不過戀人牌的每一個元素交流碰撞之後，都還保有各自的特性。如果戀人牌的交會是物理變化，那麼藝術牌就是相互起了化學反應。此外，從藝術牌的色彩也可以瞧出些端倪：中間的兩面人由藍色及黃色融合為綠色，不是寒色系亦不是暖色系。以色彩學的角度來解讀，藍黃混和之後確實會變成綠色；藍色是淡化的黑色，黃色是變深的白色，因此藍黃二色也可以視為黑與白的組合。

　　戀人牌以自己的特質彌補對方的不足，藝術牌則是徹底融合為一體。因此在感情運來說，抽到藝術牌表示已經渡過磨合期，能夠和諧地融入對方的生活。藝術牌之所以名為「藝術」，正是因為這種融合特質，讓你不斷吸取他人的知識經驗，進而把自己推向更高的層次，甚至超越一般人類現有的範圍。在這裡我想提一提偉特牌的節制，牌面上的天使拿著兩個聖杯，不斷將水從一個聖杯倒入另一個聖杯試圖找到平衡，節制表示的是謹慎，跟藝術牌火元素昇華的意涵不太一樣，藝術牌是提升了之後還能維持平衡的狀態。

　　藝術的牌面是一個人有兩張臉孔，都專注在同樣的煉金術爐子裡，一手拿著火把，一手拿著水杯，倒進同一個煉金爐裡，他身上是中性色的綠色，代表水跟火是兩極的元素，都將調和到最平穩的現在，所以他想要的都有了，唯一缺乏的，是

他理想中更好的自己，於是他不斷在進化，進化的同時也帶著身邊的人成長，雖然他不見得自知，但他願意奉獻自己知道的一切給予世間。

─────── 占星對應 ───────

占星學上，射手座與雙子座是對宮，本質相像卻往兩個不同方向發展。戀人牌與藝術牌雖然都想要不斷變動，但戀人追求新鮮事物的吸引力，淺嘗輒止，因此在占星上對應的是風元素雙子座；藝術則是對應火元素射手座，會非常深入地了解。

射手座是第九宮，9 這個數字就是臨界點，從一個層次躍升到更高層次的那個階梯，所以第九宮象徵的事物看起來很亂，考試、旅遊、藝術、哲學，宗教⋯⋯，雖然看似不同，但你會發現有一個共同點：這些事物都不是需要擔憂吃穿的人會關心的事情。如果有認識的人在學校中主修藝術或哲學，我們都可以馬上認定是有錢人，但射手座的富有不張狂，是更樂於分享，也想比大家更早一點發現新世界，好向我們解釋那是什麼。認識射手的人都知道，他們幾乎停不下來，處女座也停不下來，不一樣的是，處女座是不把時間填滿就不安心，射手座是沒有自覺的，他以為自己時間很多，不知道怎麼的就沒有了，但兩者的好學是一樣的，只是處女座（土象變動宮）為了

實用，射手座（火象變動宮）是為了知道本身的美好去親近它，但處女跟射手座都是很好的老師。

—————— 牌意解析——————

★ 總體分析 ★

藝術牌是至高無上的敬意，也會帶來投身其中的狂熱，戀人牌看來有喜歡，卻少了狂熱跟敬意。

所以藝術牌象徵藝術家或科學家，投身其中死而後已的感覺，那份投入是全心全意的，還可以為其他人樹立表率，藝術牌是煉金術者，我們可以看到藝術牌把二元化的事物都融為一體，融合之後，這個元素又高於綜合之前的各別元素，所以藝術牌有提升他人層次跟層面的味道，就很適合為人師表，就算不當老師，他也會很多嘴，其實是他眼裡看到太多跟別人不一樣的東西，所以有太多意見要發表，也常常無形中幫助到別人，但「居功」從來不是他的作風。

我見過少數藝術牌是命主牌的人，他們不是不會使壞耍狠，只是他們對壞跟狠的定義跟常人不同，他覺得自己計策成功，別人卻以為他耍了一場小猴戲，這就像學者或科學家雖然智商奇高無比，在常人眼裡，會常常做出屬於自己世界，別人不見得了解的言行。

★ 愛情分析 ★

感情上，藝術牌代表你們相當熟悉對方，也許在交往前已經相識許久，個性上因為同質性高，自然而然就能融合在一起。

藝術牌的戀人中，很明顯的就是「默契」，就算來自於不同出身跟家庭背景，但他們在某方面的確是有共鳴的，在千千萬萬人中，這成為他們彼此的暗號，一見到面就知道了。（我必須說，藝術牌熱愛知識，所以他跟不一樣的人都有不一樣的共鳴，想要獨佔他是難事，除非你比他跑得更前面。）

射手座的人會喜歡的對象都有點怪，別人都不知道他們為什麼會喜歡這個人，這一點他們自己恐怕也不知道，他就是那個拍子對到了就迷上了，不是用客觀因素可以解釋的。如果你想吸引藝術牌的人，做你自己就對了，如果你真實的一面不能吸引他，那虛假的更不行。他們平常對世俗的事反應比較慢，但對謊言卻有即極高的敏感度，就算當下不戳破，之後兩個人的關係也會慢慢走味。

★ 事業分析 ★

藝術牌對事物會深入了解、融會貫通，相較之下戀人牌則比較偏向表面，即使從事相同領域的工作，但性質大不相同，

例如同樣以文字傳播資訊，藝術牌必須深究每一件事物的本質，最後彙整集結為一篇長篇報導，甚至是一本書；戀人牌則是產出簡短扼要且明瞭易懂的報導，目的只是為了讓大眾知道這個資訊。

工作方面，若藝術牌出現在「問題」，表示你會因為太熟悉現況而產生盲點，最好聽聽外人的意見，將自己抽離出來，換一個角度來看待事情的全貌；如果是「建議」抽到藝術牌，那麼你不妨再深入挖掘探究一番。

抽牌問工作得到「藝術→戀人」，表示你已經掌握熟練的技能，但之後會出現新的挑戰、陌生的問題，不過有藝術牌在前，可以減輕戀人牌的不穩定性，只是需要學習一些新的東西；如果抽到的是「戀人→藝術」，表示被吸引之後，會越來越投入、越來越喜歡這份工作。

★ 財運分析 ★

藝術牌往往在沒有在想錢的時候，錢就自己來了，就像 J. K. 羅琳寫小說是為了他的文學夢，之後大家受到故事吸引，錢就來了。在醫學家做實驗的時候也只關心他的實驗物，但如果成功，錢也就來了（專利藥的售價很驚人），但我們只看到錢來了，卻沒有同時指出他花了多少成本，多少不眠不休的

夜，犧牲了多少，因為這些都是藝術牌不會關心的，他們只關
心自己想做的事，錢來了就來了，「那很好，就不用擔心其它
事了」。如果錢沒來，他也不會沮喪困頓，因為他在意的是他
要完成的事，錢只是附屬品。所以我常說藝術牌特質的人，
如果是有錢人，他們也感覺不到錢的存在，要冒昧引用一位
佛教大師的話：「我不在乎錢，我連五塊錢長什麼樣子都不知
道。」其實他說的是實話，如果你生活一切不愁，那你何必親
手進出錢？藝術牌最快樂的地方是，人家如果開始沒錢，就會
發現錢的可貴了，但他不會，他仍然覺得最可貴的是他的夢
想。

惡魔
The Devil

數字	15
元素	土
行星	摩羯座

──────── 圖面元素 ────────

　　大牌牌圖上的圖像意義大於色彩意義，數字牌則是色彩的意涵比較重要。惡魔牌上的羊有三隻眼睛，祂是潘（Pan）──物質之神及感官之神，象徵豐收、美酒、性愛與權力。火元素代表名聲，隨之而來的權力則由土元素主導。潘是非常世俗的神祇，代表了愛、欲、念……那些我們想要的東西。西方宗教興起之前，人們與天地自然萬物的連結頗深，因此他們特別崇拜如潘這樣的神祇，但看在教徒眼裡，潘無疑是惡魔的化身。

在中世紀基督教的教義中，極力反對使身體感官愉悅的事物，他們相信美食好酒、五感享受這些奢華的生活會讓人產生罪惡，遠離上帝。惡魔牌的整體圖像宛如巨大的陽具，中間的赫密斯之杖試圖結合兩種極端，卻遭受阻礙；下方兩個圓裡，一邊是男生一邊是女生，他們全都陷在原始狀態，無法突破現狀與對方結合，赫密斯之杖在此完全無用武之地。

有的牌可以透過靈性的狀態、體悟或昇華，使彼此結合，但惡魔牌必須經歷世間磨難，最終才能衝破代表俗世限制的土星環完成連結。惡魔牌是一切極致享受及人心的欲望，美酒、食物、權力或錢財等等，這些東西本質上並無不妥，但容易使人執著沉迷。牌面上，咖啡色代表渴望佔有資源，背景的桃紅色與淺藍色交織在一起，意味著放縱自己沉醉在無邊的欲望裡。山羊的角相當長，象徵財富多多。

惡魔這張牌很明顯的是陽具，下面兩個睾丸中，都有靈魂，細看還可以看出男女的不同，他們明顯被禁錮在睾丸中，如果通過陽具，他們才能被釋放。我的感覺是，你一定要承認身體的需求，當身體的需求被承認之後，被滿足之後，才能期待有更高的道路要走，就像小孩子先會爬、才會走，然後才會跑一樣，這是身心靈的必經過程，沒有什麼誰比較高級誰比較低階。必須享受過了，你才可以放下它。

──────── 占星對應 ────────

　　惡魔牌對應土象摩羯座基本宮，基本宮的目地性很強，加上土元素又固執，摩羯座的心態是「你不要管我，但是我要管你，而且我要改變你。」有別於金牛座的固執是「做好自己就好了，你不用管我，我也懶得管你。」父權體制是摩羯座的代表，固守傳統，予人厚重的壓迫感。父權也代表封建體制的習性，就是在國家君王是天，在家一家之主是天，其實我覺得舊式男性雖然享有所有資源，但也受到一些箝制，你因為身為男人、身為老大，所以不能這樣不能那樣，但慾望不會消失，只會找到新的出口。

　　所以摩羯座克制力雖然強，做得到超人能力之內的事，但常會看到在對名利方面近乎變得太執著，為了自己要的，他可以拿所有東西去交換，但他的重心還是物質世界的一切，因為他還沒接觸到心靈跟靈性的境界，也有可能肉慾是靈性的另一種展現。

　　土象當然重視物質，基本宮又覺得一切還沒到達他滿意的程度，所以惡魔牌的野心很大，需要很高，人家說他不帶感情，我覺得這反而是優點，如果帶有感情的因子，那就更剪不斷理還亂了，摩羯座要的就是權力義務清清楚楚明明白白，他會設計人，但至少不會把人當白癡。

★ 總體分析 ★

　　純粹抽牌問財運的話，惡魔牌是不錯的牌，但若是問自己的事業運，就會有點折磨了。愛情抽到惡魔牌，可能是長得好看但是很渣的桃花，令你想放棄又捨不得；或是你的另一半很富有，可以讓你過上優渥的生活，但偏偏你對他沒有感情。惡魔重慾輕愛，有些學派會將此解釋為一夜情，但搭配上土元素，表示後續可能會有麻煩纏身，例如懷孕、染病，這才是長久的折磨。惡魔牌也象徵控制權，讓你享受卻又深陷其中。

　　惡魔牌在世俗的項目上，你都會得到想得到的東西，但物質最終還是不會帶來滿足的，到了最後，惡魔牌還是會出現空虛感，所以他的野心很強烈，那是因為他不知道真正可貴的是什麼。要等打擊過後，他了解眼前的物質都是可滅的，他才會追求真正可以長久的事物。

★ 愛情分析 ★

　　如果惡魔牌出現在詢問愛情運的「未來」，代表你有可能為了某種原因（外表、財富、地位這類虛榮心），陷入一段對自己沒有任何好處的關係；也有一種狀況，是另一半劣跡斑斑，當事人卻離不開對方，那是因為被困在自己的思維裡，甚

至會感到自卑、看不起自己，而不是陷在所謂的愛情中。惡魔牌代表的不一定是「愛」，更深入來說，是指一段無法割捨的關係，例如兩個人交往十餘年，資產混在一起了，兩邊的家庭也很友好，想分手卻不知道該如何是好。

惡魔牌出現在「建議」，代表你必須先為自己的利益精打細算。以離婚為例，首先要考慮的不是誰對誰錯，最好先將財產過戶到自己名下，讓自己有所倚仗才是上策，惡魔牌在這裡預示著如果你還顧念舊情，很有可能被反咬一口。如果事業、感情的現況抽到惡魔牌，「建議」卻是死神的話，那麼最好立刻抽身，現況是惡魔牌貌似有利，但死神代表這一切都是虛幻的，到最終可能都是一場空，不如趕快放手為上策。

★ 事業分析 ★

惡魔坐擁極致的物質享受，事業運抽到惡魔牌，表示有錢有名，但沒有時間好好休息，換句話說，看似擁有了一切，但也容易為之束縛，例如兩份工時都極長的工作，你也許會毫不猶豫離開月薪只有兩萬元的職位，卻未必可以這麼果決地拋開月薪二十萬的那一份工作。

如果有工作的人抽到惡魔牌，他有的至少是經驗，又因為他要求不多，這是扮豬吃老虎，所以老闆們很願意信任他，就

會給他坐大的機會，雖然是花很久的時間慢慢建立的。

　　但我雖然不願意這麼說，不過很常出現「養鼠為患」的例子，但其實惡魔牌不是忠臣，是會算計的，如果你對他來說是有好處的，他就不會背叛你，而且把你對他好的地方記得清清楚楚，如果惡魔牌不那麼會算計，那他要怎麼分辨該把誰留在身邊，誰又是他不需要的呢？

★ 財運分析 ★

　　單純詢問財運的話，惡魔象徵坐擁極致物質的享受，所以是有機會有名又有錢的。

　　其實惡魔反應比較慢，他可能要花一些時間，才會發現大家的共存共榮，才是對他最有保障的事，因為他必須培養出心腹，才能掌管更大的地盤，也才能培養出一些他不了解的東西（例如文化跟美感），惡魔牌會成名，但比較大器晚成，因為一開始工作時，他並不是特別亮眼，就是中規中矩，但等到其它法寶盡出的人都走光了，背叛了，或自己創業了，他還守在原崗位，而且工作的經驗都可以完美的應用，那時才是他的天下，但他要崛起是很低調的，慢慢的，讓事情自然而然成為這樣的，其實年紀一大，我還滿佩服摩羯座的。

　　摩羯座要的東西就是要，他是非常執著的，你不用擔心他

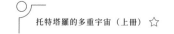

目標太大，沒時間完成，他會到老了都還在拚搏，我覺得工作就是他的樂趣所在，所以他也會享受美酒美食，但那些都是消耗品，他會一邊享受，一邊鞏固讓他享受這些東西的基本盤。

(16)

塔
The Tower

數字	16
元素	火
行星	火星

─────── **圖面元素** ───────

　　牌面上方的眼睛是埃及太陽神拉（Ra）的眼睛，埃及人相信名字具有神祕的力量，因此每一位神祇，除了公開使用的名字之外，還有絕不能讓人知道的「本名」，否則會被他人操控。女神伊西斯（Isis）（女教皇牌）對太陽神下毒得知了拉的本名，隨後將之軟禁。這裡的拉之眼就是拉的憤怒，祂會摧毀視線內所有東西。

　　塔呈現傾倒之姿，右方的龍在中國象徵祥瑞，但在西方文

化裡是惡獸的化身。破碎不堪、已經無法看出原本樣貌的幾何碎片，隱藏了火元素「摧毀固有型態」的特質，但有機會將藏在表層之下的本質解放出來。死神牌的死，是象徵意義上的終結，而塔牌是實質上的破壞。塔牌代表暴力、戰爭，畢竟是來自太陽神的雷霆怒火，威力自然不可小覷。塔牌是塔羅 78 張牌中，破壞力最強、最可怕的一張牌，此牌一出現必然會毀掉些什麼，因此色彩上都是輪脈系統下三輪的顏色，彰顯出其行動力。

　　雖然這張牌的畫面這麼火爆，但仍然有生機跟變數，就是銜著橄欖枝的和平鴿，這隻鴿子也在諾亞方舟的故事裡出現過，如果有鴿子銜著樹枝飛過來，就表示水已經退了，你們可以下船了，所以銜著樹枝的鴿子，就代表和平的意思，在這張塔出現，就表示該毀壞的就毀壞了，沒有毀壞的，就是也毀壞不了，可以一起重建場面，讓世界維持長期的和平，當然，那是說一些毀壞了，再重建一個制度。鴿子銜著橄欖枝，就是要貢獻屬於自己的修復能力，希望形成更好的結果。在後世，鴿子銜橄欖枝，就是求和的意思。

　　在一片大地被摧毀，當務之急當然是要趕快修復，修復完以後的新世界，就沒有那麼全然暴力了，還會帶入女神的慈悲溫柔。所以這張牌就是要徹底摧毀掉原有的事物，讓新事物有

機會參與其中，讓新世界不要跟舊世界一樣完全非理性。銜著橄欖枝的鴿子就是想要平衡即將發生的新世界。

占星對應

塔牌對應火星，火星大部分都處於情緒的高點，或憤怒或激動，在這裡還有宣洩、能量釋放的意思。火星是一顆不用思考能力，完全憑動物本能行事的行星，火星代表的是任何武器、利器，尖銳的用品，也是火星的本質，就是拿來傷害他人用的。

火星的本體，會全然憑自己的感覺行動，不管那個感覺是不是正確的。所以背後有聲音說：衝吧！撞吧！它壓抑很久的能量全都傾瀉出來，就像土石流，沒有意識到自己帶來的後果。火星，就是我們眼前需要的充沛能量，如果管不住，你就會被它反噬。

火星的英文原名就是 Mars，也就是戰神，專門發動攻擊的那個人，就像球場上的先鋒，金星是 Venus，他們就是有名的戀人，金星代表女人，火星代表男人，所以火星在這裡，就會表現全然的獸性。後果當然是全面的破壞與失衡，Venus 的個性，很適合用來組成社會，因為 Venus 有禮貌，又有與人為的溝通能力，如果要補救火星帶來的破壞，只能靠金星了。

　　但接下來的下一張牌是星星，對應水瓶座，就是要重新規畫，提出方案，再邊做邊思考做不做得成。火星的衝動過後，大地還是瘡痍滿目，需要讓大地修復，然後以全新的知識擘畫出未來可以走的路。

　　火星在中國的名字，叫做熒惑，每次出現比帶來災難，在東西方，同樣都用紅色代表他。就像火星，每次出場，很難有活口。

────────── **牌意解析** ──────────

★ 總體分析 ★

　　雖然塔牌表示實質意義上的破壞，但對抽牌者來說不一定全然是壞事，塔牌會推翻你既有的想法，讓你的生活出現天翻地覆的變化，表面上是「破壞」，但很有可能是將你從泥沼中拉出來，例如一段圓滿的感情卻抽到此牌，女孩子沮喪之餘赫然發現對方是一個表裡不一、糟糕透頂的傢伙，這時反而能夠及時抽身離開。出現在「建議」就趕緊快刀斬亂麻，並且要把以前積壓的怒氣通通講出來，火星有宣洩的意思。

　　我在另一本書中談到了「三世業報一世還」的概念，一般人會認為做好事就能活得好，但是這一生有什麼好的，如果肉身殘破不堪，趕緊去投胎才是好路，這裡代表氣數已盡的「死

神牌」，但人就會一直認為好死不如賴活，這就是類似「惡魔牌」的執著，身體雖然是爛身體，但已經是僅有的東西了就緊緊抓住不放，但死死抓住不放就會翻身困難，既然自己捨不得放手，老天爺就用一種不可抗力的激烈方式來幫你斷捨離。

★ 愛情分析 ★

火星遇到感覺對的人，他就要迫不及待向全世界宣告你是他的，如果你有異議，最好早點提出來，不要在他一股腦去訂結婚喜宴時，跟他說你們只是普通朋友，他會受傷害，但是並不久，不用擔心他，他痊癒的能力好到令人詬病，而且他通常下一秒就發現新對象了。跟他交手，就是要明刀明槍，他受得了打擊，放心！而且他有新對象，也就是全心全意對他，沒時間想起你的。

在感情上則可能是激烈的爭吵，沒能好聚好散，代表突如其來的重擊，對兩邊都是重重的挫敗，生活支離破碎，你為此大受打擊，而此時脫口而出的話語往往相當具有針對性，這麼做雖然很不理性，但也可以視為宣洩情緒的一種方式。

★ 事業分析 ★

塔牌出現在事業的時候委實不大妙，例如裁員、無薪假，

或是在職場與人發生重大的爭執。

事實代表你正在經營的東西中斷，有可能無預警喪失財源，就是一切被推翻的感覺，但這張塔之後是星星牌，代表會有一個更新的未來，例如是夕陽行業，或你必須轉換跑道，所以要放棄以前累積的一切，如果要斷不斷，損失會更重，所以應該壯士斷腕，完全割捨過去，新的未來才會出現，如果一直眷戀，那只會錯失機會。

如果出現在「建議」，那就是警告你，現在做的事沒有前景，應該另尋出路，不要有一絲一毫的遺憾，也很像股票市場，跑得不夠快，下場會更慘。

這張牌如果跟其它好牌一起出現，我會說塔是可以幫我捨棄生活中無用的部份，或你一直依戀，卻對你有害無益的事，如果要戒煙或減肥，出現這張牌就表示你可以做到。

★ 財運分析 ★

財運上則代表損失，可能會有意外的花費支出。最有可能的是一次大破財，如果很多壞牌一起出現，甚至會負債。

但這時我會講一句老話「財去人安樂」，人的獲得或失去都是有定數的，我是覺得破財總比受傷或生重病好（而且如果受傷或生病，財也保不住），但這張牌的好處是一次到位，乾

脆俐落，不會拖泥帶水，所以事情過去了就是過去了，不會有後續的麻煩，可以重新規畫未來，要重新累積，事業跟存款才會一點一滴重新得回。所以我會建議平常保險要規畫完整，我每次看到天災人禍，都會重新檢查我的保險夠不夠（為了防萬一，我甚至考取保險證照，但從來沒有執業過）。

不過有時候也是只是會有驚無險，但給你很大的警示，或者身邊出現破財的前例，讓你避開一次劫難，但多少還是會有損失，我建議如果行運不好，就多捐錢，化解破財之運。

星星
The Star

數字	17
元素	風
行星	水瓶座

────── **圖面元素** ──────

　　星星牌就像是一個國家或一個地方剛剛經歷戰爭災難，百廢待興，不過最壞的已經過去了，終於可以好生休養、慢慢復原──這正是星星牌的狀態。牌面上藍、紫二色是眉心輪及頂輪的顏色，這裡的紫色代表夢想與計畫。不過規畫與執行之間，難免有落差，就像古代帝王以天之名，許諾開啟政權的新紀元，提出無數美好的願景讓大家充滿期待，但是結果不一定那麼美好。

星星牌左上方是紫色的七星漩渦，表示生命力跟創意從裡面生出，然後牌中的女人手上有兩個杯子，代表潛意識之水，就像指導靈把想法放入你的潛意識中，經由你靈機一動，或作夢而產生在你的意識層面，這就是「靈感」的由來。

　　另一個杯的水則澆在大地，從土壤中蘊釀成水晶或半寶石，這也是宇宙意識的「結晶」，很多最好的點子都是從天而來的，很多作曲家是先在腦中聽到音樂，然後把它譜寫下來，也有小說家跟我說，他們腦中已經有故事，他們只是照寫出來而已，星星就是上天給的禮物，但也需要沒有太多雜念跟目的的人，才能看見這麼清楚的相貌。

　　但要達成星星牌中那麼美好的願景，需要很多志同道合的人一起努力，還要透過月亮牌的自我懷疑跟思想混亂，才能到最後太陽牌的成功，所以星星牌顯示的是最初的原型：一件事情沒有經過金錢跟權力污染，最善意的一開始。不過，這趟旅程走下去，一定會經歷很多不堪的考驗，有可能變質，但就是要挺過這些考驗，才能真正琢磨成寶石，硬度可以耐住所有物器的攻擊，那些世俗的考驗，就是雕琢我們的工具。

　　星星比較像一開始就交出來的企劃書，裡面沒有提到任何難關跟問題，這些月亮牌的自我懷疑跟混亂，要在開始執行之後才會出現，但星星牌最重要的就是堅持初心，因為雖然很多

人認為星星的想法不可能成真，但做到後，會是大家都受益，星星是為了大眾的理想，所以星星牌很像是為了公眾權益放棄專利權的人。

──── 占星對應 ────

星星牌對應心懷崇高的夢想及憧憬的水瓶座，雖然沒有雙魚座那樣愛幻想，但其理想卻也常常止步於計畫階段。相較之下，月亮牌跟太陽牌才是真正的執行者。水瓶座有時候顯得怪裡怪氣，但他們行事很有計畫，就像躲在研究室裡的科學家，有嚴謹的時程表，相信自己會在某一個時間點成功找出改變世界的理論，這一點跟愚人牌不太一樣，愚人稀奇古怪，但沒有計畫性，而水瓶座是風元素固定宮，是很有組織性的。

本來為了理想發動革命的星座就是水瓶座，但水瓶座是風元素，他們比較少打打殺殺，都是觀念上的革新，例如吃素、環保、禁漁禁獵、動植物保護、同性戀婚姻，都在水瓶座的範圍。水瓶座非常利他，星星牌也是，肉體世界沒有太多不滿足的地方，但他們理想中的世界需要太多人願望共同改變才能成就，所以賺錢並沒有辦法達到他們要的。講抽象一點，他們需要做的是「傳教」，不斷地宣揚自己的理念，雖然一開始可能被大眾嘲笑，但長時間過去，反而變成公眾價值觀。

水瓶座也是固定宮，所以經過這麼多人的否定，他們仍舊能夠堅持自己的想法，得不到別人的肯定也沒關係，他們知道自己是對的就好了，這種心態有好有壞，美國的民主制度是這樣，但希特勒的淨化世界人類的理想不也是這樣嗎？共產主義的解放全世界不也是這樣嗎？所以這時要看其它搭配出現的牌是什麼牌了，不管哪個方向，都是一開始看起來不起眼，但最後卻會改變全世界。

─────── **牌意解析** ───────

★ 總體分析 ★

　　童話故事《賣牛奶的女孩》中，女孩頭上頂著牛奶，思緒卻已經飄向要將賣牛奶的錢用來建設養雞場，但是恍神的瞬間，「咚！」牛奶瓶掉下來摔破了，什麼都不剩。星星牌就是小女孩規畫的未來，墜落的瓶子則是塔牌。

　　星星牌理想中的未來還沒到達，但他會因為不夠世故而讓自己的牛奶瓶摔落，可能在賣牛奶的路上遇到其他商人競爭、也有可能市場休市，導致她的牛奶變酸了，賣不出去，這就是下一張的月亮牌會出現的危機；她要一一解決才能順利賣出牛奶，買到她的雞蛋，孵化出小雞，這就是太陽牌的意象。所以星星牌的大問題是，不要光顧著規劃，需要多學點經驗，才能

發現問題出在哪裡。「人算不如天算」是星星牌最需要承認的事情。

　　星星牌也有可能表示事情還很遠，光靠你一個人的力量不能達成，需要把它變成一個新觀念，植入每個人的腦海中，大家才會幫你一起完成它。星星牌很適合當教主，這是廣義的，就是宣揚某種新理念，然後靠大家的意志一起達到，風元素本來就需要人群，因為星星牌不喜歡強制別人，但他又是固定宮，需要大家同意他，所以就只能自己慢慢推廣。但星星牌可以看到很遠的未來，往往大家一開始嗤之以鼻，到了某個時候，發現他的主張才是世界需要的趨勢，這時星星牌的個人品牌並不重要，重要的是他做到的事，就像一開始大家也遺忘特斯拉，是後來有業界中的人重新提到他，大眾才得知並想起這個人。但我們看特斯拉，就可以知道星星牌除非找到靠山，例如教會或研究單位，他做研究，生意交給其他人去做，但也有可能遇到愛迪生這種老闆，所以中研院或學校單位最好了（大笑），如果可能安心賣命，他就可以不愁吃穿，同時改變全世界，雖然有可能是匿名，但出名對星星牌來說也不是什麼好事，因為星星牌太不知人間險惡了。

★ 愛情分析 ★

星星美好但是遙不可及，因此感情上抽到此牌，代表遠距離戀愛，或是因為距離而產生好感的單戀。我有一個案例是夫妻關係中的女生，抽到星星牌，代表他們雖然住在一起，卻是同床異夢、彼此不了解。星星牌本質平和，戒心不強，不像隱者自持身分而不願搭理對方，星星就像是背著偶像包袱，為了保持他人的憧憬，可能會有善意的謊言，即使有煩惱也不會坦白，以免有損形象，因此容易顯得疏離、有隔閡。

星星牌會有把感情理想化的毛病，所以我覺得星星牌不太知道「活人」是什麼樣子（XD），因此婚姻不太適合星星牌，他比較適合神交（真的），或遠距離婚姻，這樣才不會有太多爭執，也才能順利白頭到老，雖然是分別在自己家裡白頭，但是星星適合保持自己的單獨性，才不容易讓自己的特質被破壞，也才能完整的呈現出自己的結果。

其實星星更適合靈修生活，因為如果沒有其它火、土元素的牌，那麼星星牌的肉體慾望不強，星星牌比較注重柏拉圖式的愛情，就是思想一定要契合，住在一起太多磕磕碰碰了，會影響愛情的完整性，星星牌比較適合有距離的美感。

但如果各方面還有所有的牌都能配合，他們會維持非常良好的關係，因為兩個人都非常尊重對方，不會把自己不喜歡的

事情硬加諸對方身上，也很守兩人訂下的原則。至於要說恩愛嘛！我覺得以「各自獨立」來形容星星的感情比較適合。這是我個人的建議，以前的男友求婚時，我說我可以答應，但我們要獨立有自己的房間，吵架以後可以回頭整理自己的思緒（那時才 25 歲，真正的想法是就可以不用看到他了），他用拖字訣，我就買了自己的房子，這是媽媽建議的，她說這樣吵架時就可以離家出走了，我覺得我媽媽真的是先知（她上升在水瓶，戀愛宮中有天王星），自己的房子買了，我就覺得沒有必要結婚了。

★ 事業分析 ★

星星牌的理想性很強，對於從事義工、神祕學或宗教研究、藝術領域等工作類型的人來説，都是一張很好的牌；星星牌也適合擔任科學家及發明家，因為他們都需要看到事實上還沒有存在的東西，意味著必須「眼光長遠」；而星星牌的缺點是容易陷入美好的憧憬與期待，看不清現實狀況，例如我有一個學生是貿易公司老闆，抽牌詢問與廠商的關係，自己是聖杯 9，廠商是星星牌，這表示我的學生其公司經營不錯，但是廠商那端可能會針對產品銷售的數量說：「既然可以賣 20 台，為何不能賣 30 台呢？」就是對於很多事，廠商會覺得有一就

有二，有二就有三，那為什麼不乾脆說三百台好了？這就是星星牌的太過天真。

　　合作關係抽到星星牌，代表你會得到一張完美的藍圖，但實際執行起來有困難，可能會坑坑巴巴。事業抽到星星牌，要先知道是什麼工作類型，如果是需要想法的工作，例如創意總監，星星牌的意義就很好，但如果是以勞動力為重的工作，有可能是整日偷懶做白日夢，或是像上述例子的廠商，不食人間煙火似的，總提出不切實際的目標卻不自知。

★ 財運分析 ★

　　星星牌在財運方面，代表未來的錢，以後可能會獲利，但這個過程可能相當漫長，或是得先支付一些費用。

　　星星牌就像我前面說的，他的高瞻遠矚會創造出很多利益，但錢不見得進他口袋，他可能只是研發者或企劃師，但因為有被利用的價值，所以不會愁吃穿，他很適合當實驗室或中研院員工，也很適合科技業。星星牌本來就不自私，所以不獨佔利益對他來說不會太煩惱，只要夠他生活跟做研究就好了，他很行的是讓跟他合作的人都有錢賺，但不見得自己會發大財，他是普渡眾生那種人。

　　他其實不是很需要用錢，但買書費用一定要，不然他要怎

麼做研究，但其實不用替他不平，他真的要做大事時，會吸引金主來贊助他們，就像我說的，星星牌可以幫人創造利益，自己不一定賺大錢，他的重點是「我要成就的事」，而非「我要賺多少錢」。

月亮
The Moon

數字	18
元素	水
行星	雙魚座

────────── **圖面元素** ──────────

　　牌面左右兩個神祇是阿努必斯（Anubis），他們是吃腐肉的胡狼，徘徊在生死之間，被古埃及人視為冥界守門人。天上有月亮，地面下有聖甲蟲向上推著太陽。埃及神話裡，聖甲蟲每天會推著太陽繞天上一圈，結束之後回到冥府。太陽象徵成功，但是在此之前，每夜都必須穿越冥府，這一段路處處是關卡，考驗著意志和信心。其實任何事情都可能發生危機，月亮牌就是這個過程，但許多人會就此打退堂鼓。

　　月亮牌的困境，不是「真正的」困難，而是水元素想像中的難，他們會在腦海裡將難關無限擴大，胡思亂想，越想越害怕，有可能因此早早收手退出。月亮牌像是一場考驗心志的挑戰，想要走自己的路，心臟得夠強，尤其意志要堅決。牌面上藍色與紅色代表冷靜及熾熱，相對的兩種元素交織融合，原本就不可能平順無波，因此月亮牌也代表起伏及改變。

　　所有英雄故事其實都可以套用「星星─月亮─太陽」的牌組，整裝待發去拯救公主是星星牌；征途有血有淚，有惡龍有反派，此過程就是月亮牌；最後成功救回公主則是太陽牌。

　　月亮也是內心的恐懼，這些恐懼就會變成隱憂，時時刻刻提防著什麼，這樣根本沒有心思做正事，也就是把力氣都浪費在這些莫須有的想像，而且越容易吸引壞事，其實依我算牌的經驗，這張月亮牌代表不懷好意的陰性力量，你不理它還好，你越害怕，就越會有事發生。

　　如果抽到月亮牌，可能是你擔心已久的事情真的發生了，但下一張是太陽，表示如果你正面解決，結果就會是好的，月亮在告訴你，可能需要隱瞞一些事，因為很多事沒到關頭之前，先洩露也不會有好處，換句話說，就是讓子彈飛一會兒。但隱瞞是一回事，該做的努力還是要做，月亮只是過程，黑夜總會過去，天明時刻總會到來。

月亮的冥府代表水元素，充滿隱憂與恐懼，從前面一張星星牌過渡到這裡，總算認清現實與理想的差異了，此時最大的危機，是信心瓦解、開始懷疑自己，甚至會自暴自棄認為這一輩子都會這樣一事無成，縱使已經小有所成，也會覺得這根本稱不上什麼。

月亮牌對應雙魚座，在塔羅牌的對應中，雙魚座是負面的比較多，如果要說好處，月亮的好處就是第六感很強，就是很敏感，但因為過於敏感，所以身邊人的情緒常常會影響到他的狀況，但由於這樣的個性，雙魚座也對應藝術跟宗教，如果有心靈上的寄託，想太多的狀況會減輕很多。雙魚跟處女是對宮，依我占星書上的理論，不管是雙魚或處女，只要遇到感情，都會比較呈現雙魚的面向，如果有工作，就會產生很處女座的面向，如果把很多事用責任義務的面向來看，對月亮牌的心理負擔會少一點，比較可以就事論事。

牌意解析

★ 總體分析 ★

月亮牌是負面的比較多，因為月亮就是一張比較負面的牌，狀況有：無中生有、幻想過度、疑神疑鬼，跟上述一樣，

月亮牌最大的危機就是自己懷疑自己，就像很多命盤水象元素很重的人，整天興風作浪，把大家捲進糾紛裡，還一副自己是受害者的樣子⋯⋯，其實不能怪他們，他們是因為沒有安全感，又沒有自我價值，只好整天幻想別人想害自己，以加強自己的重要性，雙魚座跟水瓶座都有精神疾病，但水瓶座是腦波作祟，月亮牌是真的出自於自己個性有問題，偏向情緒問題，大腦的原因比重少一點。

好消息是，既然一切都是自己搞出來的，那給自己找個重心，月亮很有藝術跟治療的才華，有一個目標，就不會胡思亂想，以前覺得別人在找自己麻煩，如果你忙，根本就看不到別人在幹嘛了。

★ 愛情分析 ★

感情上，「建議」牌抽到月亮代表諸多不滿，可能有一方心直口快，什麼事情都要攤在陽光下，不容許一絲一毫個人空間。面對這種情況，比較好的處理方式是各退一步，不用什麼事情都非搞清楚不可，睜一隻眼閉一隻眼，其實到最後都能相安無事。

這邊再舉一個例子，抽牌者準備要結婚了，抽時間之流「現況」是月亮，「未來」卻是愚者，表示現況存在隱憂，月

亮代表內心有所懷疑但說不出口，彼此也都有所察覺，但是箭在弦上不得不發，一廂情願認定結婚之後就會得到改善，但很有可能婚後兩人的關係越來越差。愛情上抽到月亮牌，代表對感情不忠誠。關係牌陣裡，若月亮、惡魔、愚者、寶劍7或聖杯王子出現其中的兩張以上，那麼肯定就是劈腿了，尤其月亮代表藏在暗處，又是水元素陰性的力量，直指藏在暗處的女人。

★ 工作分析 ★

月亮在事業運中出現，代表會出現打擊自己信心的事情，甚至麻煩還沒出現，就已經在胡思亂想了。例如有的人信誓旦旦地離開穩定的工作去創業，但是事業未果又回到職場，很可能只是敗給自己的恐懼。月亮也象徵暗處的不安，可能是小人纏身、流言中傷這一類的隱憂，感覺的到有些什麼事情在醞釀，但是看不清楚。可以把此牌當成戰車牌的延伸，就像是進了一間好公司，但產品已經有點過時了，好景不知還能維持多久。

事業上「建議」出現月亮，代表這段過程一定很難走，必須做好心理準備，錢和體力都會不堪負荷，但一定要撐下去，走完這段路才會看到太陽。月亮牌本身有目標性，只要克服過

程中的不安就會成功。

★ 財運分析 ★

　　水元素不善理財，財運抽到月亮，表示無法掌握自己的錢財，可能會被不正當的手段騙走，或容易把錢花用在他人看來莫名奇妙的地方，例如購買宣稱具有某某功效的產品，期望以此抗衡自身恐懼。

　　這張牌很容易受人慫恿亂投資，所以最好買保險，或定存跟信託，或者我覺得月亮牌最好的用法就是學習自我療癒，什麼方式都可以，投資在自己身上，別人就騙不走了，但切忌膜拜什麼上師，月亮牌依賴性很強，更容易什麼都交出去。

太陽
The Sun

數字	19
元素	火
行星	太陽

────────── **圖面元素** ──────────

　　太陽代表正面積極，受人羨慕又一片光明，但也不是沒有缺點。太陽牌樂觀單純，在他眼中一切都是那麼美好，但事實是，這個完美的狀態大半都是自己想像美化過的。相較起來，皇帝牌屬於自我中心的類型，太陽牌願意照顧他人，牌面的圖像有父親照顧小孩的隱喻，不過太陽牌很講求面子，可以拿走他的錢或權力，但不能不給他面子。

　　前一張月亮牌所有的不安及模糊都已經清晰起來，再也沒

有曖昧不明的地方，一切都攤在眼前，所以可以得到眾人的支持，月亮跟太陽的關係，就像太陽神阿波羅來自夜之母拉通，黑夜跟白天是一體兩面，月亮只是通往太陽的前奏，所以遇到困難時，不需要太害怕，因為順著這條路走，就可以走向你的成功之道。

這張牌象徵新紀元交替的時刻，十二星座在外圍，代表一個人要走過這十二個階段，才是一個完整的人生歷程，而且因為所有的人包含在裡面，象徵大家都是平等的，沒有男尊女卑，也沒有高下之分，在太陽牌中，大家都能享受到一樣的恩澤。

孩子們的翅膀是蝴蝶的翅膀，新紀元就是蝴蝶的面貌，代表從繭中重獲了新生，可以突破一切難關，去做自己想追求的事。綠色的山加上紅色的圍牆，有人說是開幕典禮，我從色彩去判斷，綠色是植物的生命力，紅色是動物的生命力，紅色是圍牆，表是有主動性的動物生命力，可以守護植物性的生命力，大家共存於這世界上。

月亮跟太陽的關係，我覺得就像「有光就有陰影」的關係一樣，雖然月亮的狀態在太陽牌完全沒出現，但太陽的士氣一旦低落，很快就會落回月亮牌的狀況，這就像占星學的太陽是獅子座的守護星一樣，獅子座一旦外界的支持不夠力，很容易

信心崩塌，因為獅子是為了外人而存在，如果外人不支持他，他存在的意義也將消失。

兩個小孩的腳下都有獎牌，獎牌中是十字架，一般來說，圓形代表靈魂，十字代表物質，十字在圓形中，就是人類跟地球的狀況，靈肉兼具，所以能夠孕育出無限生命，生生不息。而且太陽就是太陽系所有生命的來源，有了太陽，就不用怕生命力耗弱。

───── **占星對應** ─────

太陽對照占星學中的太陽，也就是萬物的主宰，在牌裡面，這張牌也象徵所有生命力的來源，精氣神都在這張牌中，就是可以綻放給大家看的東西，至於本質，那就會展現在世界（宇宙）牌當中，太陽牌重要的是他的外表和他的作為。

不一樣的是，太陽牌在塔羅牌中代表的是平權，但太陽在占星學中代表的是父親，但父權卻是土星所代表的，所以父親跟父權是不一樣的兩個概念，父親是有感情基礎，也代表親子之間的交流，看太陽守護的獅子座（第五宮）是兒童宮跟遊戲宮就知道了，獅子座代表的是親子之間感情的流動，占星學上的父親卻是第十宮（摩羯座），代表父親應該負起的責任，也代表父親應有的權威，所以太陽的父權不是老的、硬性的，比

較像親子間該有的感情流動，但如果是親子間法律賦予的權利義務，那就要看摩羯座了。摩羯座也代表總統、皇帝、上司，以及其他父權的人物，獅子座代表戀愛、遊戲、父親，所以代表的是比較軟性的一面，也就是我們可以依賴跟撒嬌，對我們來說，獅子座也有守護的味道。

獅子座也代表尊貴，但他不做事，做事的是屬下，所以獅子座代表皇家跟天皇，真正做事的是首相，獅子座是偶像的代名詞。所以獅子座會表現出當爸爸的溫暖跟陪孩子遊樂的義務，但養孩子就是第十宮的事了。

────── 牌意解析 ──────

★ 總體分析 ★

如果是太陽，那整體都是往正面發展的，看起來都會一片美好，但要記得月亮跟太陽是一體兩面，如果一旦信心消失，或有點沒力氣，沒自信就會隨之而上，因為月亮牌是最會自我懷疑的。

在事業跟金錢方面，太陽大多數時候是好的，就算短時間不好，也會有很多其他人來幫忙，就算錢方面不夠多，面子上還是掛得住的，至少行走吃穿都不會比身邊的人差，只是有時候會為了面子，自願讓出一點點利益，甚至很多利益。因為太

陽希望在他身邊的人日子都過得不錯，不然他一定要去幫忙，所以他一定會盡力讓所有人都好過，否則等於給自己找麻煩。

如果是你身邊的人抽到這張牌，那盡量跟他多相處，就算不是真心契合，他也會念在跟你相處的份上，凡事會想到你的好處，會顧念你的。

★ 愛情分析 ★

感情上抽到太陽牌則有好有壞，若問的是「能不能走到結婚那一步？」太陽代表光明正大，也能受到眾人的認可，是相當正面的牌；太陽牌可以給你名分與好的生活，且關係健全，但如果是問「感情會不會更深厚？」就不一定了，因為太陽代表的是火元素，那個當下已經是煙花綻放，最鼎盛絢爛的時刻了。抽到太陽牌的夫妻，代表雙方都很單純，也順應著社會的期待：求學、工作、結婚生子。太陽牌對社會制度有很正面的意涵，但如果是期待這一段關係能互相提昇、一起成長，可能就會不如你的預期了，因為太陽牌只管檯面上的事，感情、親密度都是檯面下的事。

我解過一個牌陣案例，已經分手的情侶狠話說盡，都不想再跟對方有任何交集，但是在相處關係上，現況抽到太陽牌，但男方、女方的牌已經都不太交流了，這張牌表示這兩人即使

是同事或同學，在公領域上時常會碰面，相處時兩個人都溫和有禮，外人也看不出來他們曾經是情侶又分手了的關係。太陽牌在此代表這是男方女方目前僅有的工作上的關係，通通都是放在檯面上，過去的關係什麼也不剩。

★ 工作分析 ★

事業抽到太陽牌是很美好的，代表一帆風順，短時間之內就會做出成績，得到肯定。但是水能載舟，亦能覆舟，若是一直這樣順遂，不曾經歷磨練，可能會在最後關頭走得跌跌撞撞，致使結局不是那麼完美。

太陽在工作上，可以讓你看起來很有那麼一回事，但太陽有個毛病，就是報喜不報憂，所以很多事需要自己解決，他會等到都解決完畢了，才會擺到你的面前，所以你無從分辨這份工作會有多少磨難，因此你需要準備的力氣跟精神，要比看起來多多了。

但好處是，就算你事實上再怎麼不滿意，太陽牌都是可以讓你在朋友之間很有面子的，很像台積電，就算它的工作對你來說累得要死，快爆肝了，但企業知名度跟薪水仍讓你覺得付出得很值得，身旁的人也都很羨慕。

★ 財運分析 ★

對應占星學上的太陽，是火元素。太陽的財運還不錯，不是意外之財或偏財，但也不會長久持續，而是要付出努力來掙得同等報酬。

太陽牌完全不用擔心財運，你會有覺得自己錢或多或少的時候，但這只是你跟自己比，如果跟旁人比，你的財務狀況永遠比身邊的人好，就算有時不濟一陣子，通常都會有錢冒出來，因為你平常給別人的幫助很多，所以人家有好處時也會想到你。

比較需要擔心的是，太陽牌錢多比較不實在，如果剩下的錢不多，你會拿去買一件很漂亮的衣服，而不是急需的吃飯，其實我可以理解這種心態，如果是女孩子就更正常了，穿得人五人六，說不定別人覺得你是什麼大人物，還會請你吃飯，但還是建議盡量平均一點。

永恆
The Aeon

數字	20
元素	火
行星	冥王星

———— **圖面元素** ————

　　牌圖上色彩對比非常強烈，極致冷色調搭配極致暖色調，如同天蠍質兩種極端交錯的性格。牌面中間的小孩是埃及第一代法老王，歐西里斯（Osiris）跟伊西斯（Isis）的第二個孩子。中間那個鷹頭的神明是 Osiris，也就是幼年時的荷魯斯，荷魯斯將取代將死的 Osiris，所以永恆這張牌有世代交替的意思。中間的鷹頭人身是成年的荷魯斯。埃及神話的版本眾多。

　　埃及神話的主流說法是這兩名神祇育有一子——荷魯

斯，另外的說法是除了荷魯斯之外，他們還有第二個兒子，就是外圍那個啜著手指頭的三歲孩童——哈爾波克拉特斯（Harpocrates），但另有說法是：他們是同一個人，只是幼年時跟成年後名字不一樣。我之所以這麼認定，是因為我找到的資料顯示，這個小孩永遠保持著三歲的模樣，嘴裡含著拇指。「不會長大」意味著「永遠」，也就是死亡跟新生的交界，因此我認為他是歐西里斯從冥界歸來後所生的小孩，哈爾波克拉特斯的定義就是歐西里斯的屍體跟伊西斯生的小孩，他本身就有陰陽交界之意。荷魯斯也就是未來的冥界之神（現在是歐西里斯），而荷魯斯取代拉神成為太陽神，因此可視為一個小孩兩種面貌，是冥界之神，也是太陽神。（歐西里斯在埃及神話裡，最初是太陽神，後來降世成為法老王與尼羅河神，死後變成冥界之神，歐西里斯下凡當法老王前也是太陽神，埃及的神都可以換來換去。）

　　牌面下方的豌豆莢裡，胎兒象徵靈魂孕育成長，一個蛋型倒掛著，表示子宮跟生命力，蛋形代表努特（Nut）的情人，以一個火球現身，帶有巨大的能量，生育力也很旺盛。永恆牌表示生命是滅亡與新生的交替循環，清除舊有，讓新東西得以展現，跟偉特牌的審判有類似意義。審判是一個大逆轉，判決既下，很可能會過著跟以前完全不一樣的生活；永恆看似不

變，但永續存在的是靈魂，肉身還是得不斷替換。

冥王星跟審判牌都有輪迴與前世今生的含義，冥王星是輪迴之星與業力之星；審判代表表層的改變；永恆則是內在精神不死，會由內而外發生變化。以調整、永恆兩張牌對比偉特牌的正義、審判，偉特是形式上的改變，而永恆牌的重點在於轉化。

占星對應

對應冥王星，是天蠍座的守護星，理論上應該屬於水元素，但早期冥王星還沒有被發現時，天蠍座由火星掌管。冥王星被「降級」為矮行星之前，是太陽系最外圍的行星，最冷、最黑暗，但爆炸威力卻相當強，足以摧毀整個生態。如果用火星代表戰爭，那麼冥王星就相當於核爆的威力。冥王星代表的意義很類似火元素，所以可以看到牌名右側有火元素的符號。不過圖面上仍然有水元素的特質，代表永恆牌雖然具備火元素的爆炸力、行動力，但大多隱藏在暗處，處於別人無法察覺的狀態下。

所以永恆牌是徹徹底底的破壞，一點反轉的餘地都沒有，只好重新開始，因為舊有的東西沒有挽回的機會，砍掉重練會比較容易，所以如果還眷戀舊有的東西，那失落感就很重了。

這張牌的佔有慾很強，也特別不容易承認已見的事實，所以要他承認一件事情是很難的，但如果承認了，他也不會輕易改變想法，冥王星是天蠍座的守護星（火星也是），這兩顆星守護的天蠍座，有多難攻破，只要有跟天蠍座的人接觸過都知道，這張牌跟冥王星一樣，特別執著，只要他認定的，不能改變分毫，只能全部推翻，再給他一個新的願景。奇怪的是，改變部份他不要，但全部重新來過，他反而比較可以接受，因為永恆牌也滿愛發現新自我的，一半新一半舊他還不稀罕。

──────── **牌意解析** ────────

★ 總體分析 ★

　　永恆的本質是水元素，但卻表現出火元素的爆炸與逆轉。我以前一名案主的祖母生病了，不知道如何抉擇開刀或吃藥治療，他抽到永恆牌，代表新舊、兩極之間的交流，最好做出以前沒有嘗試過的決定，才有機會翻轉事情。

　　我問過他，他奶奶已經開過刀了，但效果不大，我說那就繼續吃藥，牌的最後是聖杯皇后（水中之水），代表她幾乎已經是靈魂狀態了，我說你奶奶已經活夠了，她覺得很安詳，就讓她好好走吧！再拖下去她也痛苦。我問：「她的孩子應該很孝順吧？」他說對，尤其是叔叔，孝順的程度全世界都知道，

243

我說那她沒有遺憾了，也不用再積極治療了，這是名人的奶奶，沒過多久我就看到報紙上刊出她過世的消息。

因為這張牌的本質就是完全翻盤，就等於以往做的事都不見效果，一定需要全新的做法才能見效，這張牌是大爆炸，就代表要把舊有的東西全都去除掉，換上新的作法，才有重新發展的希望，在這個個案來說，也有可能是舊生命已經有氣無力，乾脆換一個新身體好了。

依永恆的牌義看來，她的下一世應該會有很多想做的大事，因為永恆牌都會長遠考量，然後下很大的決定。既然如此，那現在這個舊身體，就沒有再留的必要了，因為這個身體做不了什麼事情，不符合永恆的要求。

★ 愛情分析 ★

永恆牌是非常深的，乍看之下可能看不出來有什麼改變，但是心態都已經逆轉不同了。所以在感情方面，代表觀念不同導致外在行為也發生根本上的變化。永恆出現在「問題」點表示正面臨轉捩點，你不知道哪一個方向才是對的，沒有人可以保證結果，但是必須轉變。「建議」是永恆牌的話，你需要做些跟以前完全不一樣的事情，不論是形式上或心態上，都要結束舊有模式，開啟新篇章。

永恆牌是冥王星，所以對感情非常執著，所以如果這張牌出現，表示有大事了，但是對他來說是大事，但對別人來說無關痛癢，他也知道，所以心裡的失落、不平更深，永恆牌一旦認真談戀愛，一定是生死相許。

　　但一個人不可能每次戀愛都要死要活，所以如果他不夠愛你的話，那個冷漠是很明顯的，基本上這麼冷漠也不太可能跟你談戀愛啦！只是如果你示愛，他的反應就會是這樣，不給你一點遐想的空間。

　　如果永恆在戀愛上，絕對盡心盡力，就算你對他做再多不好的事，他也不會離棄你，只有一個點，如果你騙他的話，那他會走，看你的運氣，他是直接走，還是轟炸一輪再走。如果他在記恨，那你記住，他的傷是永遠的，他也會想辦法給你留下刻骨銘心的傷。

★ 工作分析 ★

　　事業上抽到永恆牌，可能不只是換工作，還會轉行或改變工作型態，例如我不再靠解牌維生，而改去鄉下務農維生，這種轉變對旁人來說會是難以想像的決策；倘若你還任職於同一家公司、同一職位，那麼你就要轉變工作方式與心態。對企業而言，則是會做出有違慣例的決定，例如一家虧損的公司決定

不再打保守牌，不再只求撙節成本，而是投下資金逆勢宣傳，這麼做的結果不是大好就是大壞。

永恆牌適合的工作性質有政客、投資客、創業家、企業顧問，或偵查刑警，他們手中有權力，心態上已有覺悟，一出手就能果斷地把事情做個了結。調整牌適合司法系統裡的律師或法官，他們遵守法條做出判決，而偵查刑警則是可以斷案結案，性質上略有不同。

他在工作上是狠角色，如果你沒有礙著他，他非常會作人，完全知道自己的分寸在哪，但如果你礙著他的路，他會讓你連怎麼死的都不知道，而且絕不會牽扯到他身上，永恆牌真的要做起壞事，是那種完全殺人讓你找不到線索的。

而且他很懂得利用人脈，雖然把他的個性講得很可怕，但他非常了解人性，所以完全知道要怎麼受人歡迎，懂得每個人內心的想法，又可以在適當的時候說出來，所以願意幫他的人非常多，往往跟身邊的人比起來，永恆牌的世俗成就都很高。

★ 財運分析 ★

財運方面，永恆牌表示突破了以往的觀念，嘗試以新的模式尋求發展性；可能終於繳清貸款，也有可能是面臨破產，在財務上面臨重大轉變。投資基金時，若「問題」是永恆，「建

議」是星星，代表此刻態勢看似不佳，你可能會急於脫手，但是星星就是提醒你可以再觀望一番，不要急著行動；如果「建議」是愚人，那麼趕緊認賠殺出吧。

永恆的財運一來就一大筆，可能是遺產，也有可能是不義之財，或買賣房地產，大到可以改變你目前的生活模式，所以最重要的是，腦袋要清楚怎麼運用。是說我也沒有資格教永恆啦！我大多都是存一部份保本，但永恆賭性堅強，眼光又準，做一次大生意或大投資也很可以，所以除非他問你，不然不要輕易給他建議，因為他腦子裡想的東西，永遠跟我們平常人不一樣。

如果這張永恆牌在過去出現，代表你的財務已經翻轉過一次，看現在的牌好不好，如果不好的話，就要開始改變你用錢的方式，如果是好牌，那你的投資模式可以繼續運作下去，如果出現在現在，那你的財務會有一次大轉變，可能是大破財，也有可能是賺大錢，總之都是會改變你目前的處境。

如果在未來出現永恆，那你就要好好準備，代表生命中有一次大契機，你要小心目前的工作跟投資機會，如果現在跟過去的牌不錯，那就可能會有一些震盪，如果過去跟現在的牌不好，那就可能有翻身的機會。

宇宙
The Universe

數字	21
元素	風、土
行星	土星

─────── **圖面元素** ───────

　　神話裡，大多是男神掌管天空，母神掌管大地，但埃及神話卻是天空女神與大地男神。宇宙牌是埃及神話的天空女神努特（Nut），祂是第一位母神，孕育了所有神祇，象徵生育及繁衍，歐西里斯、伊西斯、塞提那特，還有那菲提斯……等等都是他們的孩子，歐西里斯跟伊西斯是第一對法老皇跟后，所以努特是所有埃及人的祖先。牌面上的眼睛是荷魯斯之眼，象徵慈愛及生生不息；鐮刀代表豐收，蛇代表生育。四個角落的

動物象徵四大元素，顯示出穩固與完整，能夠持續創新繁衍。教皇牌面上也有四大元素，不過其排列位置讓整體視覺往內縮，有為己所用、建立內部的意思；宇宙牌則是向外擴張，未來將會產生變化。

宇宙在偉特牌中是世界，象徵大器晚成，不過以世界牌及土星的特點來說，如果是被固定住的東西，就像一汪死水難有變化。托特的宇宙牌沒有土星的磨難，顯得更為安穩，況且還加進了其它要素：牌面上藍色的格子將綠色包圍在內，藍色代表規律而格子代表法則，綠色是植物的生命力，有再生、新生的意涵。

地球上的每一個人都沒有辦法脫離物理定律，天地之道既規範我們，也組織起保護網，讓一切事物不會超脫、失控。藍色在外、綠色在內，表示外圍雖然被框住了，但內在是自由、生生不息、持續變化的。

在傳說中，天空女神努特每天晚上會吞下拉神，在隔天讓祂重生，所以努特也帶有重生的意味，這點就跟對應的土星不一樣了，土星並沒有重生的意味，土星只是把事物推到足以重生的死亡，死亡畢竟是重生的前一步。

所以托特牌的宇宙，比偉特牌的世界更加有彈性，雖然偉特的世界牌也是生生不息，但沒有足以重生的機制，世界牌比

較像永生，宇宙牌是可以重生。

——————— 占星對應 ———————

宇宙牌對應土星，占星命盤上的第十宮。土星是緩慢的行星，一步一步凝聚，過程並不輕鬆，耗時雖久但終究會成功。

土星在古典占星學中是凶星，但大家都可以看到，這張牌並沒有兇惡的意味，反而是土星的正面意義，悠遊漫長，會一直生存，沒有什麼磨難可以斬斷他，他的生機蓬勃，就算一時倒下，也終究會再爬起來，這就是宇宙牌有生生不息的含義，因為磨難只會使他一時倒下，但並不到滅亡的程度，土星的耐力最強悍了。

而且宇宙的範圍比世界大多了，土星又是一步一步去走，不會貪快，加上這張牌又是土元素，宇宙象徵慢慢爬到高峰，然後他見到的事物都會臣服在他腳下，他是土星的正面代表，只要你慢慢來，不求急，你會看到別人看不見的東西，也會得到別人沒發現的事物，雖然需要的時間很久，但最後的勝利終將屬於你。

土星一向可以接受最下層的東西，如貧窮跟苦難，這些東西對土星來說是習以為常，所以土星的保護層不是其它行星可比的，他挨打的時候比人家多，所以耐性也比別人長，如果要

比，不是比一時的，土星可以跟你比誰的生命比較長，他一定
會撐到最後。

　　他的佈局一向又深又廣，在你還沒意識到時，他就已經把
你的路徑全算出來了，由於土星傲人之處不多，所以他只能靠
思考得比別人久遠來生存，活得不是最揚眉吐氣，但一定活最
久。

────── **牌意解析**──────

★ 總體分析 ★

　　「現況」抽到宇宙牌的話，代表此刻你擁有的東西很多，
但是發展會受到限制；出現在「未來」表示未來可以功成名
就；出現在「過去」則表示你已經錯過最好的時機，即使做出
改變也只會有微小的效果。若宇宙牌出現在「建議」，最好採
取保守作為，不要有太大改變，守好現在所擁有的即可。

　　如果宇宙是問題，這個問題恐怕不是你能短時間解決的，
宇宙的問題就是跟你的為人有關，跟你一點一滴的小習慣都有
關係，也可能就是你最大的盲點，所以別人看得很清楚，你自
己卻摸不著頭緒，所以只能靠詳細的觀察慢慢發現了，還好這
也是土星的長處，細心長遠的觀察，找出別人找不到的東西。

　　但也不要成天想著這件事，越想越會把你帶到岔路上，要

一直吸收新的看法，回頭檢視你整個人，在某一天，答案會突然就出現了，你整個人也隨之蛻變。

★ 愛情分析 ★

在愛情方面，宇宙牌代表感情穩定，你們都已經很習慣對方的存在，雖然缺乏激情但是深厚如家人般不可分割，也許只有在失去對方的時候才會意識到這份愛有多麼深刻。教皇牌的愛情雖然也代表穩定，但是教皇還有依靠的意味；宇宙牌的兩個人則是各自獨立，像是對等的共生關係，也比較不會出現一方向另一半撒嬌的狀況。

感情部分抽到宇宙牌是好還是壞，很多人有不同的看法。「穩定」的另一層意思其實就是已經「定型」了，如果你們是情侶，應該會一路發展為夫妻，但如果還沒在一起，那麼也不會再更進一步了，就像朋友之間也有分吃飯咖或電影咖，關係已經定型了，不會更進一步的意思。如果是想追求長遠安穩的生活，宇宙牌就是非常好的牌。

★ 工作分析 ★

宇宙牌代表資歷深厚、經驗豐富的人，例如高階經理人，或是高學歷且有許多證照之人。以一間成立已久的公司來說，

每一個部門各司其職,但長期下來,總會發現有值得微調的部分,以期達到更好的效益。

　　宇宙牌很適合當公務員或法務人員,因為宇宙牌擅長一步一步完成上面的囑咐,最後也知道怎麼囑咐別人,宇宙牌的弱項就是不擅長應付突如其來的事,所以他也不喜歡「驚喜」,他喜歡凡事都有規劃,有憑有據,都在可控制的範圍內,這樣才不會超出他可以掌控的範圍。你說老土嗎?倒也是,但公司就是不能缺少這種中堅份子。尤其在那種看起來是明日之星,或天縱英才,往往倒得很快,接下來就只能靠他了。

★ 財運分析 ★

　　宇宙牌沒有偏財運,賺進來的錢都是慢慢累積經營所得。

　　如果要說偏財,那就是祖輩留給他的遺產,但因為是家傳的,也早就在計劃之內,只是不知道什麼時候會拿到而已,

　　宇宙牌沒有偏財是因為他不相信天上掉下來的好運,他覺得其中必有詐,根本就不會接受,他能接受的,就是他佈局已久,現在有結果了,每一步都在他規劃之內,他才會覺得可信。

　　因為過度謹慎,所以他理財只能靠定存跟保險,頂多加個定時定額,他理財的態度非常重視保本,因為投資就是要讓錢

更多，哪有變少的道理？他如果是做生意的人，有新技術跟新資源，他一定考慮再三，直到時機錯過。所以宇宙牌是沒有暴富的機會，買一張股票長期放著，放到忘記了，反而發大財還比較有可能。

托特塔羅的多重宇宙（上冊）
每一道尚待答案的問題，都是開啟人生新頁的鑰匙

作　　　者 —— 天空為限
卡巴拉詮釋者 —— 薛超
設　　　計 —— 張巖
內文排版 —— 葉若蒂
插　　　圖 —— 貝兒熊
主　　　編 —— 楊淑媚
校　　　對 —— 天空為限、薛超、楊淑媚
行銷企劃 —— 謝儀方

總 編 輯 —— 梁芳春
董 事 長 —— 趙政岷
出 版 者 —— 時報文化出版企業股份有限公司
　　　　　　108019 台北市和平西路三段二四〇號七樓
　　　　　　發行專線 ——（02）2306-6842
　　　　　　讀者服務專線 —— 0800-231-705、（02）2304-7103
　　　　　　讀者服務傳真 ——（02）2304-6858
　　　　　　郵撥 —— 19344724 時報文化出版公司
　　　　　　信箱 —— 10899 臺北華江橋郵局第 99 信箱
時報悅讀網 —— http://www.readingtimes.com.tw
電子郵件信箱 —— yoho@readingtimes.com.tw

法律顧問 —— 理律法律事務所　陳長文律師、李念祖律師
印　　　刷 —— 勁達印刷有限公司
初版一刷 —— 2022 年 7 月 8 日
初版三刷 —— 2024 年 5 月 13 日
定　　　價 —— 新台幣 350 元

時報文化出版公司成立於一九七五年，並於一九九九年股票
上櫃公開發行，於二〇〇八年脫離中時集團非屬旺中，以
「尊重智慧與創意的文化事業」為信念。

托特塔羅的多重宇宙（上冊）/天空為限作. -- 初版. -- 臺北市：時報文化出
版企業股份有限公司, 2022.07　冊；　公分
ISBN 978-626-335-631-3(上冊：平裝).
1.CST: 占卜
292.96　　　　　　　　　　　　　　　　　　111009415

ISBN 978-626-335-631-3
Printed in Taiwan